耸立在人类文明高端的圣殿

尧庙，若是仅仅以庙的眼光看待，神州大地，庙宇如繁花竞放，自然毫不起眼。

然而，倘若熟悉中华文明，了知人类文明，就会感佩这哪里是一座普通庙宇，而是一座耸立在人类文明高处的圣殿。

顾名思义，尧庙当然是为尊奉帝尧而兴建的庙宇。不过，尧与尧庙却同期应运而生，名扬华夏。此话怎讲？尧并非名字，而是后人尊称的庙号。无疑，尧与尧庙浑然一体，同时名世。尧，姓伊，或说复姓伊祁，名叫放勋。尧字，早先为"垚"。垚字的本义是土高貌，即雄伟高大，将之在突"兀"其上，那就更加巍峨高峻。回望上古，尧只是一位统领天下的头领，充其量也就是一个大王，为何要尊奉如此峻拔的庙号？疑问何止这一个，称尧也罢，为何还要忝列三皇五帝的五帝

尧

大哉帝尧　盛德巍巍

垂衣而治　光被华夷

圣神文武　四岳是咨

揖逊之典　万世仰之

帝尧（宋代马麟画像）

山西省景区文化旅游丛书

乔忠延　闫新千　著

煌煌尧庙

山西出版传媒集团　北岳文艺出版社
·太原·

图书在版编目（CIP）数据

煌煌尧庙 / 乔忠延, 闫新千著. -- 太原 : 北岳文
艺出版社, 2025. 3. -- ISBN 978-7-5378-7040-5

Ⅰ. K292.5-49

中国国家版本馆 CIP 数据核字第 2025C8Z697 号

煌煌尧庙
HUANGHUANG YAOMIAO

乔忠延　闫新千　著

//

选题策划
韩玉峰

责任编辑
韩玉峰

书籍设计
张永文

印装监制
郭　勇

出版发行:山西出版传媒集团·北岳文艺出版社

地址:山西省太原市并州南路 57 号

邮编:030012

电话:0351-5628696（发行部）　0351-5628688（总编室）

传真:0351-5628680

经销商:新华书店

印刷装订:山西人民印刷有限责任公司

成品尺寸:148 mm × 210 mm

字数:150 千　印张:7.5

版次:2025 年 3 月第 1 版

印次:2025 年 3 月山西第 1 次印刷

书号:ISBN 978-7-5378-7040-5

定价:68.00 元

之中？雅称帝尧？

　　我可以用我三岁时的欢蹦乱叫来回答这个严肃的问题。那是我早早走出村庄，看到了东方天际勃然升起的太阳。那太阳又大又圆，喷射着五彩霞光，天空大地都闪烁着灿亮的色泽。我禁不住拍着小手欢叫："'耀窝'，'耀窝'出来了！"我喊叫的"耀窝"就是太阳。把太阳叫作"耀窝"，不是我口齿不清，不是我独辟蹊径，而是我鹦鹉学舌。我身边的妈妈这样叫，和我们相随去往田地的叔伯婶子这样叫。上学后，我曾经好奇地发问，为什么要把太阳叫作"耀窝"，长者们给出的都是同一个不是答案的答案：祖祖辈辈都这样叫。

　　我的好奇心变为崇敬心，是我破解了那一轮辉映大地的太阳被叫作"耀窝"的密码。有意思吧，把密码敞亮在光天化日下，人人可以仰望，可以观看，怎么还能是密码呢？可这密码硬是耗费了我几十个春秋，直到而立之年，直到我在《史记》中与帝尧相遇，直到司马迁"帝尧者，放勋。其仁如天，其知如神。就之如日，望之如云"的语句统摄住我的思绪，心中久久缭绕的迷惘才瞬间消散。原来在史圣的眼中帝尧就是太阳，要不怎么会"就之如日"？此时我真想像儿时那样欢跃蹦跳，连声喊叫。只是还没容我喊出内心的欢悦，"鹦鹉学舌"一词成为羁押我身心的枷锁。难道我故乡的祖祖辈辈，跟着司马迁鹦鹉学舌，把"就之如日"直白为土话"耀窝"？自然这个"难道"难以成立，那就只能用"壮游"一词来做诠释。司马迁在弱冠之年，曾经得到父亲司马谈的支持，壮游天下，读万卷书，行万里路，很可能就是在壮游时从我先辈的先辈嘴里聆听到了"耀窝"这个好奇的词语，当他将好奇的目光投向太阳时，竹简上留下"就之如日"的刻痕也就自然而然了。

或许，世事并没有这样平铺直叙，还会像黄河那般拐过无数道弯才能抵达大海。司马迁至少要拐一个弯才会对接在我先辈的先辈那里，这个弯就是《论语》。孔子在《论语·泰伯篇》里摇头晃脑，带着痴醉味地高颂："大哉，尧之为君也！巍巍乎！唯天为大，唯尧则之。荡荡乎！民无能名焉，巍巍乎其有成功也，焕乎其有文章！"孔子有没有陶醉不敢肯定，但司马迁却一定是陶醉了。试想，把《论语》正读三遍，反读三遍，看看还有哪一个人获得像帝尧这样"唯天为大，唯尧则之"的殊荣？没有，帝尧是唯一。或许，司马迁就是被这唯一吸引，才渡过黄河，由河西来到河东，把我那些先辈的"耀窝"化为"就之如日"，嵌进《史记》，成为他的专利。或许，司马迁根本不用渡船过河，关于他的故乡还有另一种说法，他本是河东龙门人，即如今的山西省河津市人。河津与临汾不过百里，只要肯费举步之劳，司马迁就会收获好奇带来的惊喜。具体是哪种情况，不必深究，值得铭记的是司马迁给我们提供了打开太阳密码的金钥匙。

本来打开太阳密码，我应该欣喜，至少也该有点不露声色的窃喜。然而，欣喜，或者窃喜尚未浮现出来，又一个问题纠缠住我的思绪，帝尧为何会享有与太阳齐名的殊荣，而且迄今为止仍是唯一？

此时为我传道、授业、解惑的是《尚书·尧典》，从中可以瞭望到帝尧面对的困境。那时正处于由狩猎取食向农业种植的过渡阶段，南方的水稻和北方的粟禾都已种植了几千年，由于没有掌握天象气温，缺少成型的历法，务植庄稼的先祖摸索得步履维艰。他们的摸索或许是后人的猜测，而南宋诗人陆游写下的野人生活倒是可以印证古人的艰难。那是一首《鸟啼》诗："野人无历日，鸟啼知四时。二月闻子规，春耕不可迟；三月闻黄鹂，幼妇悯蚕饥；四月鸣布谷，家家蚕上簇；

五月鸣雅舅，苗稚忧草茂。……"岁月已经到了南宋，离帝尧时期也有几千年了，可是僻地山村的"野人"仍然按照鸟鸣来判断时令，决定农事，远在上古时摸索的艰难就更不用说了。摸索着种植自然难能得当，种早了，种迟了，都可能有种无收，广种薄收就是最好的收成。无收，或者薄收都会饿肚子，此时钦定立法，敬授民时，确实是最重要，最最重要的大事。

帝尧能不能把握住这个重要课题？对此，《尚书·尧典》的记载是："乃命羲和，钦若昊天，历象日月星辰，敬授民时。"这只是综述，往下还有更为详细的叙述。帝尧分别派出羲仲、羲叔到东边的旸谷和西部的昧谷，观察日出日落的情况；派出和仲、和叔到北边的幽都和南方的交趾，观察太阳北移、南归的情况。四位先贤经过很长时间的观测，触摸到了太阳运转与气温冷暖变化的规律。帝尧将他们召集回来，开了一个确定历法的会议。在《尚书·尧典》中可以看到帝尧做了如下归纳："咨！汝羲暨和。期三百有六旬有六日，以闰月定四时，成岁。允厘百工，庶绩咸熙。"将这结论变成当今的话语该是：啊！羲氏与和氏，一周年是三百六十六天，再用添加闰月的办法确定春、夏、秋、冬四季而成一岁。由此规定百官的职守，许多事情就好兴办了。

这就是历法，最早的历法，如今过春节所坚守的传统大年就是由帝尧那时的历法确定的，仅此成就已让人够为惊喜了，然而帝尧和他带领的那个"历象日月星辰"的团队未必惊喜，更莫说陶醉。他们没有忘记初心，深深牢记着观天测时是为了指导适时下种，是为了种出众生的丰衣足食，这便有了最早的节气。尽管《尚书·尧典》显示的是"以殷仲春""仲夏""仲秋""仲冬"，气象学家竺可桢先生却从中读出，那时已经出现了四季。他在《天道与人文》一书中将之称为"二至、二分"，即夏至、冬至，春分、秋分。这"二至、二分"不就是节气吗？是，这是中国最古老的节气，而且是决定四季的重要节气。缘此，竺可桢先生在这本书中评价："四季之递嬗，中国知之极早。"早到了何种程度？他没有点明我们不敢妄自尊大，甚至不敢高声宣扬，因为有种观点牵制着发声的喉咙：缺乏考古实证的历史未必属于信史。真是如此，还是慎言为好。中华民族历来都谦和谨行，从来不事张扬。

可就在我缄口读史的时候，苏秉琦先生发出了声音："夏以前的尧舜禹，活动中心在晋南一带，'中国'一词的出现也正在此时，尧舜时代万邦林立，各邦的'诉讼''朝贺'，由四面八方'之中国'，出现了最初的'中国'概念。"他的声

尧庙全景

音响彻在山西省侯马市的"晋文化研究座谈会"上，时间是1985年11月上旬。而后醒目的文字出现在他的著作《中国文明起源新探》之中。

真是可喜，"中国"一词出现了，而且出自苏秉琦先生之口。他是北京大学教授、考古研究室主任，是我国顶尖级考古专家，没有充足思考，当然不会轻率下结论。我隐隐觉得这是结论，也是预言。说结论，是因为那时陶寺遗址考古发掘已经历时7年，发掘了诸多墓葬。墓葬提供的依据是，阶层分化已经出现了，有了高等级的大墓，其中的陪葬品，不仅有用具、有礼器，还有象征王者身份的彩绘龙盘。更为提神的是，经C-14测定，陶寺遗址大致时间在距今4300年，这个时段正好与帝尧时期吻合。更巧的在于，陶寺遗址恰在史书记载的"尧都平阳"区域范畴内。考古实证改写了史书的记载，帝尧时期不再是传说时代，而是真实可信的历史。

那为何我会认为苏秉琦先生的宏论仍是预言？因为宏论的高点在于出现了"中国"，尽管这"中国"还不是当今"中国"的名称，如他所说，只是"共识中国"，只是地理方位的称谓，可也标志着国家雏形已经形成。那么，催生国家的动力是什么？我隐约觉得该是历法。可历法即使细化到四季划分，也无法指导播种。那应该是节气了，可仅靠四个节气仍然无法在最佳时段将种子播进土地呀！那就是说，还亟待能自圆其说的证据出现。

证据确实出现了，预言变为了现实。2002年，陶寺遗址的观象台赫然面世。此观象台可观测20个节气，对播种至关重要的节气全都能一目了然。真是一目了然，站在观测点，透过观测柱的缝隙，可以眺望到不远处崇山顶上初升的红日。太阳在不同的山头升起，穿过不同的柱缝照在观测点上，表示不同的节气，根据节气再下达播种命令，这就是《尚书·尧典》记载的"敬授民时"。"敬授民时"，就可以不违农时；不违农时，就可以丰衣足食。观象台打开了催生国家并形成"中国"的密码，节气就是上古时期的新质生产力。诚如考古学家、历史学家相同的认知，最初的国家就是在住地周边添加围墙，用以保护收获的籽实。自然，籽实丰收，需要保护，是缘于种植发展，用农耕取食代替了狩猎而食。

那为何四面八方之国家要去"中国""朝贺""诉讼"？因为"中国"就是帝尧所在的平阳，他率先掌握节气，率先试行，率先形成国家，进而"敬授民时"将节气传播到各个部族，各个部族先后演变为国家，一时间万国林立，而平阳成为国中之国，也就是最初的"中国"。"四面八方'之中国'""朝贺""诉讼",是因为"中国""敬授民时",最具权威。

打开人类史,对应世界上认为观察天象最早的英国巨石阵,居然比陶寺观象台还晚四百多年。此刻,跳跃在眼前的词语是:领跑。别看如今我们国家追随于人类,曾经并行于人类,其实在"四季之递嬗,中国知之极早"的帝尧时期,中国曾经领跑于人类!

还用再做更多的陈述吗?不用了,至此已可以凸显,尧庙供奉的帝尧,曾经带领我们的先祖领跑在世界文明的前端。不过,帝尧的伟业绝不仅仅是这些,他所以能够创造出前所未有的辉煌,不只是自己克明俊德、仁爱万民,还在于访贤任能,组成了一个个顶尖级的贤士团队。且不屈指细数每个贤士的杰出作为,仅就登上帝尧禅让帝位的虞舜、虞舜禅让帝位的大禹而言,他们就精诚奉献,功绩显赫。他们光大了帝尧开创的盛世伟业,后世子孙才把那段令人仰望的时光誉为尧天舜日。

正因为此,尧庙还有别称:三圣庙、三官庙和三元庙。三圣、三官和三元统一指尧、舜、禹。圣,繁体字谓"聖"。"聖"由耳、口和王字组成,王者要善于倾听别人的见解,善于集中大家的智慧表达自己的意见,如此才会圣明,才会无所不通。帝尧、虞舜和大禹就是这样的圣人。三圣庙里正殿供奉的是帝尧,两边侧殿供奉的分别是虞舜和大禹。三官庙属于道教,帝尧被尊为天官紫微大帝，虞舜被尊为地官清虚大帝，大禹被尊为水官洞阴大帝。三官不仅有赫赫职位，还有不凡职能。天官赐福降财，地官劝善赦罪，水官消灾免难。一句话，像他们主理天下时一样，让世人安康幸福。别看三官高居天宫神界，每年都要下界巡访，巡访时间分别是：天官为农历正月十五，地官为农历七月十五，水官为农历十月十五。这三个日子，国人称为上元节、中元节、下元节，简称"三元节"，因而尧庙又叫三元庙。

顶礼膜拜，真是顶礼膜拜！

民间对尧、舜、禹三圣顶礼膜拜，帝王对尧舜禹三圣顶礼膜拜。尧庙兴建得很早，早到不可考证的古代，初建于汾河西岸的平阳故地，北魏时期迁建于汾河东岸的伊村，唐朝时迁建于现址。而且，历朝历代都把尧庙定为国家祭祀的皇庙，每三年大祭一次，由皇帝派员主祭，其余年份由地方官员主祭。如此隆重的顶礼膜拜，自然还有更深层次的道理，如果你想更多地探究尧、舜、禹创造的伟业，以及伟业背后深蕴的民族精神文化根脉，就请继续往后阅读。

目　录

上 篇

煌煌尧庙寻根脉

泱泱中华，地大物博；泱泱中华，庙宇众多。

　　在繁星般的诸多庙宇中，尧庙是最亮眼的那颗，因为这不是普通的庙宇，而是我们伟大祖国的"国祖"庙。在人类居住的这个星球上，国家和地区众多，不过，能称为"祖国"的寥寥无几。祖国，无疑是先祖开创的国家。

　　尧庙，自然是供奉帝尧的庙宇。帝尧时期恰好出现了国家的雏形，因而被尊为中国的"国祖"。拜谒尧庙，不仅能研学到国家的直根，而且还能研学到一系列初生的历史文化根脉。

溯源"国祖"庙

　　也许你是一位读万卷书、行万里路的博学者。也许你壮游神州，观览过无数庙宇，听到尧庙会以为这不过是诸多庙宇中的一座，根本没有啥新奇感，差一点忽略过去。好在你走近了，走进了，这就是最好的缘分，尧庙准会让你耳目一新，精神一振，大有相见恨晚、叩拜恨晚的感觉。

　　的确如此，尧庙虽然是座庙，但不是普通的佛教庙、龙王庙，也不是文庙、武庙，更不是牛王庙、马王庙，而是我们中国的"国祖"庙。

　　记得中华人民共和国成立五十周年时，中央电视台播放了一部电视片《开国领袖毛泽东》。电视片序幕中出现的是一轮刚跃出地平线的红日，毛泽东和周恩来并肩走来。此时，一群放羊娃放声高歌："没有共产党就没有中国。"毛泽东听了，对周恩来说："此歌不妥，你想想共产党才成立28

年，而中国已有5000年历史了。"

周恩来说："主席，你是诗人，你给改一改。"

毛泽东说："改一字就行，没有共产党就没有新中国。"

那么，没有谁就没有中国？或者说"国祖"是谁？

回答是：没有帝尧就没有中国，因为"国祖"就是帝尧。

说到"国祖"，自然大家就会想到祖国。我们经常说，要热爱祖国。祖国这说法，虽然不是我们国家的专利，但也不是任何国家都可以顶戴这花翎的。别看有的发达国家对其他国家颐指气使，俨然如同世界的祖师爷，可是他们也只能用"国家"相称，因为历史短暂。所以，热爱祖国，表达的是我们中华儿女骨子里的自豪。

那么，为何要说没有帝尧就没有中国？为什么说祖国的"国祖"是帝尧？

国家的形成，经历了难以想象的漫长演进时期。按照历时二十余年的中华文明探源工程给出的结论，我国有百万年的人类史、一万年的文化史、5000多年的文明史。不过，关键的演进阶段在上古时期，考古学家习惯将之称为新石器时期。那时候中华文明处在由狩猎文明向农耕文明过渡的阶段。大约两万年前，先民开始管理野生植物，让它们很好生长，以便采摘更多籽实填饱肚子。在南方，距今约12000年至10000年间的江西万年仙人洞遗址、湖南道县玉蟾岩遗址、浙江浦江上山遗址，以及早期栽培水稻的遗存先后被考古发现。在北方，考古工作者于距今约 10000 年至 8000 年前的河北磁山遗址、内蒙古赤峰兴隆洼遗址中分别发现了我们的先民早期栽培的粟和黍。采摘变为种植，"农业"一词用于这个时段应该是实至名归的。

可见，到帝尧统领天下时，农业耕种已经出现很久了。中华先祖讲述历史，往往都是讲故事，他们没有把先前迈向农耕的步履用上述数字来告诉后人，而是活化出一个令人崇敬的神农氏。那时候先民主要依赖打猎，有时捕捉不到禽兽，只能饿肚子。肚子饿得咕咕叫，还得咬着牙去追赶野兽，日子十分艰难。看着遍地茂盛的草木，炎帝突发奇想，要是这些东西能吃，那该多好呀！想法催生行动，他由此开始品尝百草。

炎帝摘下一小片绿叶的嫩尖尖，往嘴里一含，涩而淡雅。他把这嫩叶叫作茶。他摘下一朵蝴蝶般的淡红花，刨出长长的根一嚼，那滋味又香又甜，沁入肠胃，香出鼻孔，他把这草叫作甘草。就这样尝下去，炎帝越尝越带劲。有一次，他摘下一朵亮灿灿的小黄花，舌头一舔，就疼痛难忍。

临汾尧庙大门

多亏随身带着灵芝，他慌忙掏出来咬了一口，眨眼间天旋地转，便不省人事了。炎帝昏迷了好大一会儿才醒来，是那一口灵芝救了他，不然就会肠断而亡。他把这毒性很大的草叫作断肠草。

就这样，神农氏一天天尝试咀嚼，知道了什么能吃，什么能种，开启了最早的农耕种植。就这样，几千年的狩猎文明开始向农耕文明逐渐转变。这漫长的转变过程，被先民浓缩为神农氏尝百草。而且，先民将神农氏尊为炎帝，听从他的号令。先民用这个优美的故事，启迪后人奋发前行，用忘我精神去开拓新的生活。

由狩猎到农耕本是为了填饱肚子，可是从炎帝到黄帝，再经过颛顼、帝喾，到了帝尧时期，吃饱肚子仍然是一个很大的难题。难就难在，上天的冷暖总是超出先民的认知，不期而至的寒霜不是杀死刚刚出土的禾苗，就是杀死快要成熟的粟谷。杀死禾苗，有种无收；杀死粟谷，广种薄收。有种无收和广种薄收，都会使先民离开狩猎就无法生存。然而，一旦享受到农耕取食的安逸，谁还愿意奔波狩猎呢？狩猎劳累，自不待言，时常会出危险，猎不到野兽，还会被猛兽伤害。这个时段先民肯定无比迷茫，无比困惑，甚至无比焦虑。

化解焦虑的人终于出现了，这就是帝尧。帝尧真是睿智，《尚书·尧典》开篇即评价他"聪明文思，光宅天下"。和同时代的人相比，显然他思维更开阔。别人要多收获粟禾，都是在地上种植打主意，想办法。帝尧呢，他把目光投向头顶的高天，准确地说，紧紧盯住了朝升暮落的那轮太阳。太阳的轮转左右着冷暖，支配着大地，影响着播种和收获呀！于是他打定主意，要摸清太阳运行的规律。如果他那时说出这个设想，肯定会有人嘲笑，真是不知天高地厚，痴心妄想。跨越时空，那时没有文字，没有留下详细记载的史书，我们无法了解当时的情景。不过，几千年后那个"杞人忧天"的寓言却能启示我们回望和联想上古时期别人戏谑帝尧的那种鄙视的目光。天蓝得看不透有多高，有多宽，你怎么能破解那种神秘？杞人忧天时，多少人嘲笑他头脑不正常呀！可是，如今当环境污染严重，不得不强调节能减排，不得不倡导生态文明时，再看杞人，那简直就是超越时代的超人。

帝尧就是这样的超人，他用超出常人的大举，组建了羲氏与和氏观天测象的团队，并且自己参与其中，奔波观测。试想，在那样一个仅仅靠双脚行走的时代，他们要经过多少跋山涉水的艰难，要经过多少烈日酷寒的历练。

好在，他们成功了！《尚书·尧典》深深刻下了他们文明的履痕："钦若昊天，历象日月星辰，敬授民时。"历象日月星辰，他们确定了最早的历法、最早的节气；敬授民时，他们颁布了用节气指导农时播种的时令。至今，在尧都大地，在帝尧最早认识节气的故地，乡亲们仍习惯将节气说成节令。节令，即下达关于节气的命令。按照节令下种就不会误农时，就能获得丰收！

丰收了，先民能够靠农耕吃饱肚子了，帝尧观天测时的初衷达到了，理想实现了。这是多么令人欣喜的事情！然而，历法、节气提供给世人的欣喜远不止于此。更大的欣喜是种豆得瓜，历法、节气居然催生出最初的国家。谁会想到粟禾丰收带来了新的烦恼，收一次要吃一年，不像狩猎那样打下就吃，吃完再打。粟谷需要保管，需要保护。不保管，会霉烂；不保护，会被偷走、抢走。怎么办？保管的办法是有了陶罐、陶瓮和仓储区。保护的办法是，在住地周边添加了围墙。

围墙，化解了先民的烦恼。

围墙，宣告了国家的诞生。

围墙，后来被称作城墙。城墙，就是国家雏形的象征。

我们来看看国家的"国"字。繁体字写作"國"，其实最早里面那个"或"字代表的就是"國"。大"口"框写照的是城墙，"戈"字表示的是拿着武器守卫，守卫部族里面最要命的粟谷。粟谷，是辛勤播种、耦田、收获回来的吃食，绝不能让别人偷走抢去，这是筑造围墙的目的，也是催生国家的动力。谁会想到，无比神圣的国家竟然在如此不经意的生活需要中产生了。没有刻意安排，没有匠心追求，顺其自然，也就水到渠成。

这说法是不是有点武断？不会，古人早就认定围墙、城墙里面就是国家的说法。中国历史上第一次有记载的暴动，发生在周厉王三十七年，这是中国有准确纪年的开端，对应的是公元前841年。周厉王肆意征收赋税，搜刮民财，还不准别人私下抱怨。重压之下引发暴动，吓得他逃到了彘地，即今霍州一带。周厉王逃走了，众怒未消，暴动者攻击他的儿子。《史记·周本纪》写道："厉王太子静匿召公之家，国人闻之，乃围之。"围攻的结果是，召公"乃以其子代王太子，太子竟得脱"。结果如何无须多关注，应该关注的是司马迁笔下的"国人闻之"，这里的"国人"不是我们现在所说的每一个人，不包括城外人，只是城里的人。多数史书皆说，那时城里的是"国人"，城外的是野人。司马迁和诸多史学家不会想到，他们无意间收存和透露的历史信息，赐予了我们识别国家雏形的望远镜。是呀，周厉王时期距离帝尧时期上千年了，众人仍然习惯把围墙里面视为国家，那帝尧时期夯筑围墙、始生国家也就自然而然了。

国家在上古先祖那时就已始生了，当然是祖国。

为始生祖国呕心沥血的帝尧，当然应是"国祖"。

供奉祭祀帝尧的庙宇——尧庙，当然应是"国祖"庙。

龙的传人

……

古老的东方有一条龙，

它的名字就叫中国。

古老的东方有一群人，

他们全都是龙的传人。

巨龙脚底下我成长，

长成以后是龙的传人。

这首歌曲听过无数次了，每次听到都令人血流加快，周身炽热。中国是龙的国度，我们是龙的传人。

龙，是中国心、中国魂！

为何中华儿女如此崇拜龙，并自诩为龙的传人？因为在国人眼里，龙是一种神奇的三栖动物，在地上能走，在水里能游，在天空能飞。而人呢，只能在地上行走，所以非常羡慕在天空展翅翱翔的鸟、水里穿行如飞的鱼。对于既能快速行走，又能潜水游动，还能腾空飞翔的龙，自然崇拜至极。因而，就想象龙、创造龙，还将我们的先祖美化为无比神奇的龙。如此一来，我们自然都是龙的后裔、龙的传人。

先祖将人和龙联系在一起，不是从帝尧开始的，但是真正交融为一体，却非帝尧莫属。这事需要从头讲起。

司马迁在《史记·五帝本纪》中告诉世人："帝喾娶陈锋氏女，生放勋。娶娵訾氏女，生挚。帝喾崩，而挚代立。帝挚立，不善，而弟放勋立，是为帝尧。"从《史记》可以看到，帝尧的名字叫作放勋。相传，他的母亲名叫庆都，是陈丰氏的女儿。陈丰氏也被称为陈锋氏，据说先前"锋""蜂"二字通用，陈锋氏应是陈蜂氏。后来，其部族大多南下至神农架、茶陵等地，有一支留在北方建立伊祁国。庆都就是伊祁侯的女儿。《说郛·河图稽命征》中记载，她把儿子放勋生在了父亲部族，也就是伊祁这个地方。古代有名望的部族，都以地望作为姓氏，所以放勋就姓伊祁。可能有人嫌复姓复杂，也用伊姓称他。因而，伊祁放勋、伊放勋，都是帝尧。

搞清帝尧的名字，就该了解他的出生了，这便走进了神话时代，走近了龙的传人。帝尧母亲庆都出生时有点神异，母亲没将她生在家里，却生在大河岸边的旷野。呱呱落地，时常有祥瑞的黄云伴随着她，笼罩着她。春风几度吹，夏热催人长，庆都出落成了一个美貌无比的大姑娘。成年后的庆都喜欢山水，到处游玩。有一天，她正痴迷于湖光山色，忽然刮来一阵很大的龙卷风，隐隐约约看见有一条通体透红的"赤龙"在随风飞舞。看见的人惊慌逃窜，唯有庆都若无其事，含笑观看。只见那条赤龙缓缓贴近庆都，与她胶合在一起，伏地而卧。过了一会儿，赤龙飞舞而去，庆都站起身来，低头一看，发现旁边的草地上有一张图画，上面画着一个红色的人像，八彩眉，长头发。仔细看，画上还有文字，写着"赤受天运"。庆都捡起这张画，带回家里。不多时，她发觉自己怀孕了，十四个月后生下了一个男孩。庆都拿出图画比对，儿子的相貌和图上画的那人一模一样。这个儿子就是生在伊祁侯部族的放勋，也就是后来的帝尧。

如此看来，帝尧就是最早的龙的传人。汉朝时乔松年写过一本《春秋合诚图》，关于帝尧的出生，原文如此："尧母庆都，有名于世，盖大帝之女。生于斗维之野，常在三河之南。天大雷电，有血流润大石之中，生庆都。长大形像大帝，常有黄云覆盖之，蔑食不饥。及年二十，寄伊长孺家，出观三河之首，常若有神随之者。有赤龙负图出，庆都读之，'赤受天运'，下有图，人衣赤光，面八彩，须鬓长七尺二寸，兑上丰下，足履翼翼，署曰：'赤帝起诚天下宝。'奄然阴风雨，赤龙和庆都合婚，有娠，龙消不见。既乳，视尧如图表。及尧有知，庆都以图予尧。"你看，文章写得活灵活现，似乎帝尧确确实实就是母亲庆都与赤龙交媾所生，确确实实就是龙的传人。如今，我们自然不会相信这是真事，却可以从这个故事窥见帝尧确确实实功绩卓著，不然不会这样神化他。

有人神化帝尧，有人就会把他当作神敬。遴选中国历史上有作为的皇帝，汉武帝肯定名列其中。他任用卫青、霍去病抗击匈奴，拓展疆土，英名盖世。至今人们夸赞豪杰的口头语都是：好汉。好汉，标志着民族威武的气概。无疑，是汉武帝的威武缔造了民族的威武。即使如此威武的皇帝刘彻，对帝尧也是顶礼膜拜。刘彻六十多岁巡访时，在河间郡得到奇女，带回宫中，封为婕妤，爱称"钩弋夫人"。钩弋夫人怀孕后，到了第十四个月才生下皇子刘弗陵，也就是后来的汉昭帝。刘彻大喜过望，还要表达自己的大喜过望，如何表达？办法是将钩弋夫人的宫门命名为"尧母门"。很显然，"尧母门"寄寓着刘彻对帝尧的尊崇，寄寓着刘彻对儿子的厚望。

最有意思的是，神话传说居然被考古发现印证了。何以见得？可以证实的是，在帝尧时期的陶寺遗址发掘出了象征王权的龙盘，这龙，主体是蛇身子，由鱼鳞、鳄鱼头组成，嘴里还衔着嘉禾。现在流行的龙是牛头马面蛇身子，鸡爪鱼鳞虾尾巴。在陶寺，龙的主体上添了足、角、须、尾……直至丰满为如今活灵活现的龙。

龙的传人、雄伟高大的帝尧，屹立在一代一代华夏儿女的心中，王侯将相、平民百姓无不想步他的后尘。因此，望子成龙就从遥远的上古延续到了如今。

那帝尧的故乡在哪里呢？在距离尧庙一箭之

陶寺出土的龙盘

地的伊村。伊村位于临汾城西南，西滨汾河，东望崇山，是个高巍阔朗的村庄。早先村子的东面通往城里的岔道口，有一座石牌坊，上面镌刻的就是"帝尧故里"几个大字。往村里走，东门上书：泽被尧光；西门上书：尧天再造；南门上书：尧天化雨；北门上书：尧都遗风。村中原先建有祠庙，现在祠庙仍巍然坐落，而且近旁的高崖上耸立着一块明代万历年间的碑石，上面刻着"帝尧茅茨土阶"六个大字。

最有意思的不是碑石，而是伊村的草木都能瓜葛在帝尧身上。碑石旁边的崖畔上，绿草丛生，间或有一两棵酸枣穿插在草丛，这儿被称为尧王圪台。如今修缮一新，被冠之以"尧王台"的芳名。伊村人特别珍爱尧王圪台的酸枣刺，每有客人来访，他们都会口若悬河地炫耀。一两棵酸枣有啥值得炫耀的？确实值得炫耀，这里的短刺上没有钩。酸枣刺都是两两相挨，一长一短，长的直翘，短的是个弯钩。如果你俯首仔细察看，就会惊奇地发现，这尧王圪台的酸枣树上那短刺也伸直了，没钩了。这到底是为何？

此时，伊村人会给你眉飞色舞地讲述。尧王在这里出生后，正好遇到其祖母病逝，于是，按当时的风俗就在这里"避讳"。他和平民家的孩子一起玩耍，稍大点儿就下田劳作。一天，他从这里路过，走得正急，身上的葛麻长袍挂在了酸枣刺上。他弯下腰去解，可那挂在弯钩刺上的衣服实在难解，便自语道：

"这刺何必长钩！"

没想到这么一说，酸枣刺真的变了，那短刺果然伸直了，没钩了，千百年来就是这种奇特的样子。说到这没钩的酸枣刺，伊村人脸露喜色，闪烁着说不完的荣耀。

这酸枣刺的故事只是传说，传说不足为据。可是，我们也不要忽略了传说的作用，考古学家寻找历史遗址，往往有个着眼点，哪里的传说密度大，就在哪里入手。河东大地不仅有帝尧出生的传说，还有他成亲、继位、拒礼、访贤、让位，以及安葬的传说。这些传说贯穿了帝尧的一生，因而当年考古工作者就盯住了这方土地探测，发现了襄汾县陶寺遗址。该遗址属龙山文化晚期，与尧舜禹时期完全吻合，足见传说启迪着考古，考古印证着传说。

关于陶寺遗址和尧舜禹的关系，容后细说，当务之急还是说清伊村这尧王圪台。《魏土地记》有这样的句子："平阳城东十里，汾水东原上有小台，台上有'尧神屋'石碑。"平阳城，就是帝尧建都的古城，在现今临汾市尧都区金殿镇。金殿镇与伊村隔河相望，此河即汾水。汾水东原上有小台，就是尧王圪台。现在虽然那尊"尧神屋"碑不见了，却仍然有茅茨土阶碑。切莫小瞧了这尊碑石，那是帝尧俭朴品格的象征。《墨子·三辩》中说："昔者尧舜有茅茨者，且以为礼，且以为乐。"茅茨，是说帝尧的房屋很简陋，仅以茅草覆盖。同样，土阶也在说明这个道理。这尊茅茨土阶碑，表达了人们对帝尧美德的敬意，也为探寻确认帝尧的出生地奉献了一把钥匙。

如此看来，帝尧的出生地在伊村确凿无疑。不过，若是打开视野向全国瞭望，目光一出娘子关就迷乱了。娘子关是山西进入河北省辖域的东部关隘，出关向东北前行，即进入保定市的唐县、望都县和顺平县。这三个县不可小觑，历史上曾经有"生域"之称。生域，生谁？据说，生的就是帝尧。这里有庆都山，还有伊祁山。庆都是帝尧的母亲，伊祁是帝尧的姓氏，难道能是杜撰？伊祁山又名尧山，庆都山又称尧母山。尧山在北面，尧母山在南侧。北登尧山，就可以望见尧母庆都山，因而便有了一个望都县。望都县历史悠久，战国时期赵国在这里设置了庆都邑。庆都邑以庆都故里自居，如今还有庆都陵墓。古往今来，望都县无时无刻不以帝尧的母亲为荣。

说清此事，必须借用学术界的一个定式——地随人走。这个定式的地不是土地，而是地名。地名，往往随着人的迁徙落户异地。比如，从大槐树下出去的移民，落地生根，在新地方重建家园，重构村落。村落的名字多是故乡的名称，赵庄、侯村、槐树庄等等。何况，帝尧在中国历史上地位太重要了，声誉太美好了，哪一个地方的人都希望以帝尧的光辉为自家增光添彩。帝尧勤政爱民，巡视四方，足迹所至，都会成为世人的骄傲。因而，帝尧的出生地和主政地多处重复，自然能够理解。

龙的传人，只是帝尧身上维系的一个亮点，还有另一个亮点，那就是炎黄子孙。帝尧是黄帝的四世孙，是炎帝的七世外孙，他血脉里既流淌着黄帝的血液，又流淌着炎帝的血液。

炎黄子孙从帝尧身上融合与传承，尧舜传人就是炎黄子孙，就是龙的传人。

尧都源自平阳

尧都平阳，本来早成定论，翻开典籍可以信手拈来。司马迁在《史记》中写道："昔唐人都河东，殷人都河内，周人都河南。夫三河在天下之中，若鼎足，王者所更居也。"唐，即帝尧所建的国家，他号为陶唐氏，曾在陶地当侯，后来又在唐地当侯。唐地发展成国家的雏形，顺理成章称作唐国。这里的都，是个动词，建设都城的意思。河东，西汉、东汉时平阳都为河东郡。司马迁写下的"唐人都河东"，就等于说：尧都平阳。东汉学者应劭阅读司马迁的《史记》，或许觉得这种写法尚不明确，他便直截了当点名平阳。具体如何写？班固在《汉书·地理志》中转引了他的话："尧都也，在平河之阳也。""平河之阳"，简称即为平阳，这是探究尧都的又一个史料依据。

随着历史的演进，文化典籍逐渐增多，关于尧都平阳的记载也相应增多，不胜枚举。如前所述，柳宗元在《晋问》中说过："三河，古帝王之更都焉，而平阳，尧之所理也。"还有没有记载？有，《元和郡县志》晋州一条记有："《禹贡》冀州之域，即尧舜所都之平阳。"郑樵也在《通志·都邑略》中记载："晋都唐，谓之夏墟，大名也。本尧所都，谓之平阳。成王封母弟叔虞于此，初谓之唐，其子燮父立，始改为晋，以有晋水出焉。"

司马光在《资治通鉴》中未能涉及帝尧时期的事宜，可能不无遗憾，于是在《稽古录》中写道："帝尧，祁姓，曰放勋，帝喾之子。初封于陶，后改封唐，故曰陶唐氏。年十六，以唐侯升为天子，都平阳。"司马光写得比别人要具体得多，为何？他是河东人，今运城市夏县人，对故里水土的了解最为细致入微，下笔毫不犹豫，写得一清二楚。中国的史学家很多，最有名的当属两个司马：司马迁和司马光。司马迁以传记体史书彪炳千秋，司马光则把编年体史书推向极致。他俩振臂一呼，应者如云，后世学者纷纷响应。

生活于康熙年间的吴乘权就是"尧都平阳"的响应者。他学问过人，屡次参加科举考试均以落第告终。患有足疾的他不能下田耕耘，于是便埋头读书。与侄儿吴调侯共同编成《古文观止》一书还不尽兴，继而批阅典籍，撰写出了《纲鉴易知录》。在"五帝纪"中，他写道："甲辰，唐帝尧元载，帝自唐侯践天子位于平阳，以火德王。"

至于近代史书，更进了一步，不仅确认尧都为平阳，而且注明是山西临汾，这里选录几例：

人民出版社出版的《中国通史》，记有："尧号陶唐氏，都平阳（山西临汾县），居地在西方。"

山西教育出版社出版的《中国历朝纪事本末》，记载："尧建都平阳（今山西临汾）。"

明天出版社出版的《中国帝王辞典》，注明："尧庙：在今山西临汾市尧庙村。相传尧建都平阳（今山西临汾县）。"

郭沫若、翦伯赞等史学家也认为帝尧定都在平阳。即使先前对此持有异议的徐旭生先生，经过多年的考证研究后也认定："平阳亦即晋阳，在今临汾。"

如此看来，尧都平阳早已成为不争的事实。且慢，或许正由于帝尧留下的是闪光足迹，近年又出现了新的声浪。声浪最响的是唐县与太原，这就有必要辨析一下，不然就会乱花渐欲迷人眼。

唐县属于河北，认为此地为尧都的代表人物是王大有先生。他在《三皇五帝时代》一书中指出："帝尧约在公元前2357年职能王位，国号陶唐，都平阳，在河北灵山之西，阜平之东，平水之北。平阳取名，为平定天下义。"写到这里，王大有先生可能想到了典籍对尧都早有定论，于是笔锋一转，纸上出现了下

平阳源自平水北面

面的文字："暴雨连绵不断，华北平原一片汪洋，海水漫过了白洋淀、滹沱河、潴龙河、滏阳河，河水暴涨，威胁着尧都。帝尧迁都行营……经平山—井陉—娘子关—阳泉—太原—晋阳—祁县—霍太山—都平阳（临汾东）。"看看，王大有先生还是将平阳定为尧都，而且，此平阳是临汾平阳，不是唐县那个平阳。需要提及的是，他将平阳指为临汾东面，显然是一种失误。失误的原因是没有亲临实地考察，如果来到这里前往金殿镇这水乡泽国一看，就不会出现这低级错误。倘若有人说，现在不是初步认定陶寺遗址为尧都古城吗？

那就请王大有先生去那里观瞻，观瞻过后也会发现，尧都也不在临汾东边，而在临汾南边。我历来包容各种研究帝尧的观点，自然也不想让王大有先生"出错"，可是没办法，典籍记载与考古发现均不顺从他的观点。

"尧都太原说"叫响于二十多年前，那时太原庆祝建城2500年，用辉煌历史鼓舞当今人，鼓舞士气自是大好事，于是有人还嫌2500年时间不够长，辉煌不够亮，往前一推，就将建城时间推到了帝尧时期。当然，这一说法的出现并不是当今学者教授的杜撰，他们自有依据。依据是东汉经学家郑玄在《毛诗谱》中的记载："唐者，帝尧旧都之地，今日太原晋阳，是尧始居处。"不过，郑玄没有把晋阳作为帝尧的落脚点，后面紧接着写："后乃迁河东平阳。"这个说法倒是可以衔接在王大有先生的迁徙说上，迁徙时曾途经太原。何止如此，还可以化解一个小小疑团，这个疑团是帝尧曾定都清徐。如果说清徐是尧都，那可能与太原大同小异，都是帝尧带领部族迁徙时所经过的歇息的地方，只是所待的时间长短不同而已。

本来我很乐意与太原、清徐分享帝尧的光彩，只是史书存留的不同观点却不断干扰我的思绪。宋朝出了个担任平原主簿的乐史，他是个官员，却和当今的官员不同。乐史边当官，边做学问。这一做，就做成了文学家和地理学家，于是留下了一部名著《太平寰宇记》。在这本书里，乐史明确指出："平水即晋水。"他这样明确论断，是不是做过考察我不清楚，能够清楚的是他有资料依据，至少参照了《括地志》。《括地志》是一部地理学专著，由唐太宗李世民的第四子魏王李泰主编。主编此书的李泰本来就讨父皇喜欢，此书面世李世民对这个儿子更是宠爱有加，赐予李泰锦缎上万匹。李泰声望日隆，大有让父皇废黜太子而代之的可能，于是便蠢蠢欲动。别看这个李泰没有争得皇位，弄得脸面不光彩，形象遭污染，可《括地志》让他永生于人间。书中记载："今晋川所理平阳故城是也，平阳河水，一名晋水也。"《括地志》为李泰主编，而不是撰写，他和他的手下未必考察过，资料从何而来？来自郦道元的《水经注》。

北魏时期的郦道元是位真做学问的志士，应该说他是"读万卷书，行万里路"的先驱和典范。他跋山涉水，到处考察。那可真是跋山涉水，靠两条腿丈量大地，顶多也就在平缓地带骑头毛驴赶路。如此实地观察，做好笔记，自然不可能有将平阳指划到临汾东的失误。或许那一天考察完平阳，他不顾身体困倦，点燃油灯，伏案书写，于是《水经注》留下这么一行字："平阳城西十五里有平水，即晋水也。"这一行字价值千金，成为李泰主编《括地志》的依据，也成为乐史撰写《太平寰宇记》的依据，也成为辨析尧都平阳的依据。

尧都平阳的证据如此可靠，如此清楚，那么，为何当今还有诸多歧义？不要怨怪平阳之外的尧都之说，尤其是尧都太原的歧义。歧义的关节点在于平水与晋水本为一体，是一汪泉水，是一溪清流。太原有晋祠，晋祠有晋水。将太原晋水当作平阳晋水，那不就差之毫厘，失之千里了吗？

不过，历史知识稍多一些，就会避免这等谬误。对此顾炎武先生曾经做过考察，曾经得出过结论。顾炎武先生是明末清初的志士仁人，本来立定大志反清复明，可是颠沛流离到后来，眼看大势难以扭转，便游走北国，考察探究，成为大学问家、大思想家。晚年辗转来到山西，定居平阳府的曲沃县，边考证边著书，完成了大著《日知录》。他在这里剥去了历史中的许多伪装假象，平水、晋水之误就是其中之一。不过，他厘清晋水与平水却是从平阳与晋阳着墨的。他在《日知录》中写道："晋之始见春秋，其都在翼，今平阳翼城县也。……北距晋阳七百里，即后世迁国，亦远不相及。况霍山以北，皆戎狄之地，自悼公以后，始开县邑，而前此不见于传。"是呀，周成王桐叶封弟，也称桐叶封唐，地点在今翼城县。后来虽然唐国改称晋国，地盘未变，晋国都城离太原"七百里"之遥，如何能混为一谈？

顾炎武不是平阳人，不是晋阳人，不带任何偏见。以他的论断再回味《毛诗谱》中那句"叔虞子燮父以尧墟南有晋水，改曰晋侯"，就会明白此尧墟为平阳，非晋阳；此晋水，乃平水之别称。

帝尧的故乡伊村在汾河东岸，平阳在汾河西边，他为何要舍近求远建都城？原因是汾河西边有一汪清澈透亮的湖水。湖水可以饮用洗漱，还可以浇灌禾苗。湖水北面土地平坦，可以安家，可以播种。于是，他带着族人在这里安家。安家的地方叫什么？叫平阳。叫平阳，是因为众生将那一汪平展展的湖水叫作平湖，亦称平水。古人以山之南、水之北为阳，住在平水的北边，等于住在平水的阳面。平水之阳不就是平阳吗？现在再回味王大有先生对平阳的理解，"平阳取名，为平定天下义"，恰好证明了一个至理名言：智者千虑必有一失。而我呢，即使所言不谬，也是愚者千虑，必有一得。

敲击到此，尧都平阳已经成为不必争论的史实。可是随着陶寺遗址的考古发掘，越来越多的专家认为，这里极有可能就是尧都。考古专家还在用可能的言辞做进一步探究，当地民众已经喜洋洋将"尧都陶寺"的牌匾挂在村口门楼上。这样一挂可不是小事，尧都区惶惶不安，有人甚至怀疑我们这尧都是不是还名副其实？若让我回答，还是这四个字：名副其实。那陶寺这尧都如何解释？

别急于回答这个问题，先让我们回望上古时期那一场铺天盖地的洪水。那场洪水的源起是黄河淤塞，哦，此时称黄河还不应该，应该称大河，大河变作黄河尚需要两千年的时间，到了东汉清流才变黄，大河才沦为黄河。不过，为减少当代人阅读的障碍，还是以黄河相称直截了当。黄河洪水席卷而来，向低洼处漫灌，眼看就要淹没唐族住地平阳，帝尧只能带着部族转移。向何处转移？西面就是姑射山，登上即可避难。逃上山顶，安下身来，帝尧赶紧部署治水。鲧领命走上治水前线，可是越堵洪水越大，眼看就要淹没到山顶，只好再度迁移。迁往哪里？据说站在山顶远望，滔滔洪水的东边似乎漂浮着一座高山。于是，身边的树木变作一个个木筏，族人乘坐木筏，划向浮在水面的那座高山。这个新的安身处就是如今的浮山县。帝尧在这里继续指挥治理洪水。洪水消退，该下山了，帝尧和部族没有返回低洼的平阳，而是迁移到了陶寺。迁到陶寺，是因为这里要比平阳地势高很多。更重要的还有一个原因，陶寺是制造陶器的手工区，规模大，屋舍多，去了便可居住。

有人曾问我，这是想象吧？回答是想象，却不是不靠谱的遐想，而是贴近考古发现和历史面貌还原当时的真相。考古发现如上所述，陶寺制陶业非常发达，出土文物大多数是陶器。历史事实告诉世人，汉明帝刘庄引进佛教前，寺不是佛庙的称号，而是官署的称谓。中郎将蔡愔和博士弟子秦景等人前往西域求法，用白马驮回佛经。佛经落地，放在管理外事接待的鸿胪寺，皇帝、大臣便急不可待地前去礼佛。待到礼佛场所建成，便以寺为名，由于白马驮经有功，即叫作白马寺。由此回味，陶寺这个名称就是帝尧那时管理制陶生产的部门。这个部门即使简陋，但可做办公场所，帝尧带着身边的要员迁住此地要方便得多。从此，陶寺就成为帝尧住地，当然也就是尧都。如今浮山还有尧山，站在陶寺回望浮山，绝不是无源之流，相当于抗战期间的重庆，冠之以"陪都"恰如其分。

　　时光天天新，往事日日旧，日日远。远望旧事，如同苏轼遥望庐山，横看成岭侧成峰，远近高低各不同。尧都亦然，尽管有多种说法，但平阳才是尧都本源。

陶寺与尧庙

这是一本有关尧庙研学的图书，按说标题应该写作：尧庙与陶寺。可为何如此写？读完这节你自会明白。我们先从庙说起。庙，繁体字为"廟"，《说文解字》的解释是"尊先祖貌也"，也就是供奉祖先的场所。先前的名门望族都有宗庙，祖先的名字一代一代都写在牌位上。牌位被尊称为"神主匣"，造型像是一尊碑，上面写好先祖的名字，外边装有木制的封套，套好后供奉在神龛上，这便是尊敬。如今我们讲文明，要求对人有礼貌，要尊敬他人。"尊敬"一词，应该就始于供奉祖先。像供奉祖先那般对待他人，就是尊敬。

家家尊敬自己的祖先，这是最起码的常识，也是最起码的礼仪。家家尊敬祖先，那么像帝尧这样为中华文明发展建立了丰功伟绩的圣祖，当然更应该被尊敬，这便有了历史悠久的尧庙。尧庙供奉祭祀帝尧，就是要后世子孙铭记他的功德，领略他带领团队创造的文化特质，发扬创新精神，面向未来，书写崭新的民族辉煌，这自然是天经地义的事！

可是，一度有人在动摇这天经地义的根基，认为凡是没有考古发现证据的历史都不可信，这显然是通过质疑中华文明5000年的历史，来挑战我国在世界上历史连贯、从未断代的光荣地位。为此，我们国家启动了夏、商、周断代工程，交出圆满答卷后，进而启动了中华文明探源工程。如今，20余年过去，陶寺遗址，以及良渚遗址、石峁遗址和二里头遗址，不仅实证了5000年文明，还把中华文明的历史向前延伸了。其中，陶寺遗址的重要价值，就是实证了国家雏形形成于帝尧时期。说透彻点，即使煌煌尧庙巍然坐落在史书记载的"尧都平阳"已经几千年了，却有人质疑

陶寺遗址保护标志

大殿里供奉的帝尧未必是真实的人物，他所创造的历史未必是值得可信的史实。就在此时，覆盖在黄土下的陶寺遗址露出了真容，大音希声，虽然无言，却振聋发聩地告诉世人：这里对应了帝尧时期，这里发轫了国家雏形，这里实证了古国、古都。

这让我想起一件近百年的旧事。1926年，中国考古学之父李济在晋南组织考古发掘，途经临汾时，曾发出深情的赞叹和提出热切的提问。

他赞叹："这是一个勾起人们历史遐想的城市——帝尧的古都！"

他叩问："中国的读书人又有谁不熟悉这位伟大君王的种种高尚品德呢？可是，他究竟建造过一个雏形的城市没有？"

考古不是数学，不能用计算得出答案，却能用证据回答命

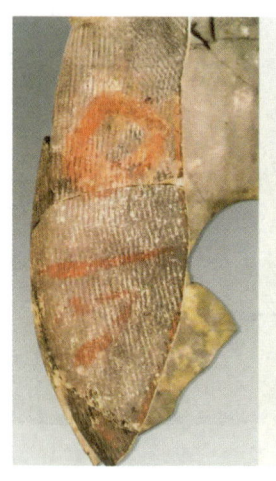

陶寺出土的扁壶

题。这声感叹和设问，足以说明李济先生将着眼点放在晋南，就是要探究帝尧古都的雏形。然而，他未能如愿，匆匆脚步带他越过了临汾，抵达了南边的夏县，在夏县西阴遗址他获得了"半个蚕茧"的惊人发现，将"嫘祖缲丝"的神话变为古老的史实。遗憾的是，满腔热望的他与陶寺遗址擦肩而过。

所幸，如今陶寺遗址给他的设问回复了一个完满的答案。陶寺遗址位于襄汾县陶寺村南，面积约400万平方米，属龙山文化晚期，距今4300多年，恰值尧舜禹时期。自1978年开始发掘至今，迈过了三大步，可以说每一步对于夯实中华文明的基座都有着不可估量的作用。

第一步是陶寺墓址的发掘实证了国家的生成。距今4300年，这里已形成金字塔式的等级结构和阶级关系，处于金字塔顶端的是大墓的主人。墓中有棺木，棺内撒着朱砂，随葬品多达一二百件，而且都很精美。闻名全国的龙盘，以及土鼓、石磬等一系列象征王权的礼器都在其中出土。可以看出，墓主人使用成套礼器不是个别现象，已经形成一定的规制。金字塔的中部是中墓的主人，

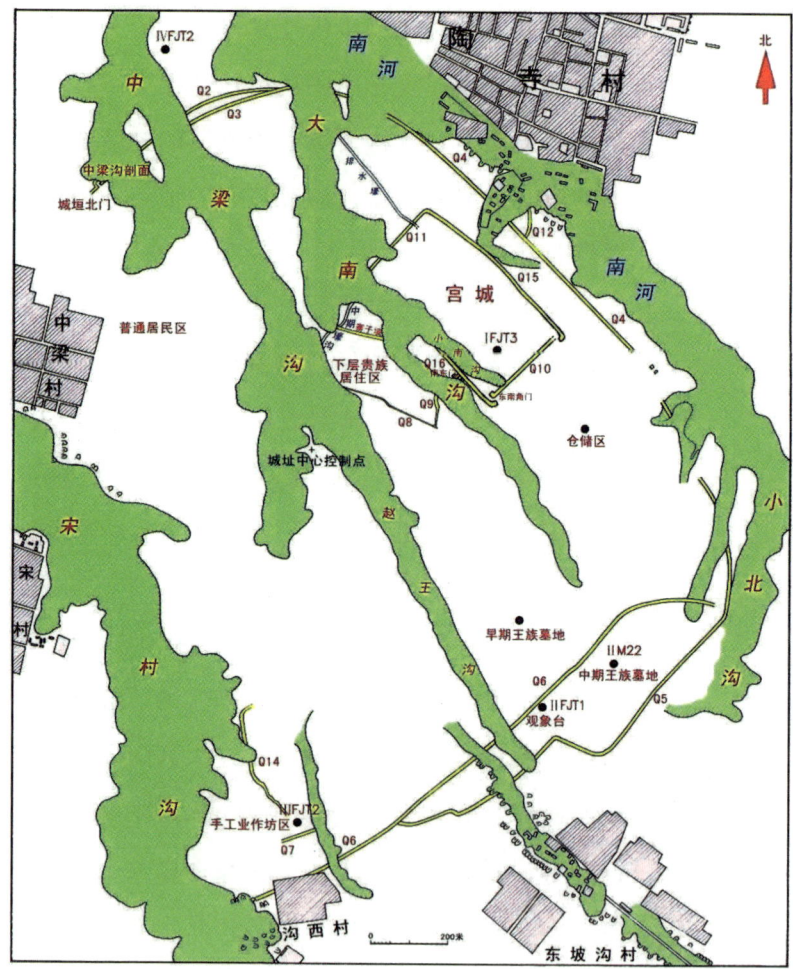

陶寺遗址平面图

他们也有随葬品，但少多了，多者也就二三十件，大都是些彩绘的木器和陶器，没有一件大型礼器。而且，他们的墓址分布在大墓的附近，像众星捧月一样簇拥着头领。金字塔的底部自然是小墓了。小墓很多，占到了陶寺墓址的80%以上，墓主却很可怜，大多数没有陪葬品，其中不少墓主或缺手，或失足，或头骨有伤。陶寺墓址的发现证明，那个时代原始的共产社会已经崩溃，已有了明显的阶级分化，而阶级分化的出现正是国家萌芽的时期。

陶寺遗址的第二步重大考古发现是城址的面世。城址分为早期小城和中期大城。小城也不算小，南北长约1000米，东西宽约560米，总面积约56万平方米，这在上古时期也算是规模宏大了。中期大城那可就宏大多了。南北长达1800米，比早期小城长出800米；东西延展得更长，达到了1500米，比早期小城长出将近1000米；总面积达到280万平方米，比早期小城扩大了整整4倍。这大城够大了，但先祖仍不满足，又造了个城中城。这就是考古学家认定的中期小城。

中期小城在中期大城的东南角，仅有10万平方米。可是，千万不要小看这弹丸之地，这里有宫殿，集中分布在西南角和东南角。西南角发掘出1.6万平方米的建筑基址，不是正方形，就是长方形。东南角的宫殿更令人关注。房基有夯土，台阶也有夯土，且夯土密实，耐压力强，还有红烧土块，莫非此时已能够用火烧砖？基址中有大块的白灰墙皮，墙皮中还有带蓝彩的。很明显，这东区的宫殿要好于西区，居住的人物要高于西区，令我们想到在这里安寝的该是"大王"了！

既然"大王"居住在这里，那就应该有丰富的衣食储备。在陶寺墓址曾发掘出一个圆筒形、蘑菇顶的器具，专家们称之为"仓形器"。死了陪葬尚要有仓储设施，活着怎能少了囤粮仓库？果然，在"大王"的身边发掘出了一大片窖穴区，长约百米，宽约十米，总面积达上千平方米。这些窖穴多是用夯土筑起的圆筒，上头要是覆盖尖形棚顶，不就与出土的那仓形器极其类似吗？所以，专家们认为这里就是城市的仓储区。

如果说这样的场景还不足以确定"大王"的身份，那就让我们回味一下陶寺遗址出土的器物吧！器物分两种，一是日用的，二是陪葬的。日用的在使用中破损了，很难找到完整的，而墓葬中却发现了大量完整的器物，并且这些器物有不少是稀有的礼器。礼器是礼制的工具。礼制是王者为统领社会所建构的秩序，这也是奴隶社会的形态表现。礼器中有铜铃，是我国目前为止出土的最早的红铜器物；有石磬，最大的一件长达95

厘米，还有石孔，可以悬挂；有鼍鼓，掏空的树干蒙上了鳄鱼皮，鼓身还描画了彩色花纹；还有陶埙，粗糙的卵圆留着三、六不等的小孔……这在告诉世人，遇有重大祭祀礼仪活动，擂起鼓，敲起磬，吹起埙，摇起铃，一种肃然起敬的气氛便形成了。

"大王"就在鼓乐声中踏着台阶，登上宫殿或祭祀区，在这里接见外地头领，或者祭祀天地。倘若祭祀天地，那肯定离不开玉琮，这是敬祀神灵的法器；倘若接见头领，那肯定离不开玉圭，这是区分尊贵低下的礼器。陶寺有吗？有！陶寺出土了琮和圭，还有钺，这都是显示王者权威的象征物呀！从城址，从器具，都可以窥得王者风范。

2003年，陶寺遗址迈出了重大考古发现的第三步，发现了大型圆体夯土柱凸的基址。经过几年的观测探究，确认这是上古时期的观象台，也是迄今为止在中国考古史上发现的最早的观象台。这正好实证了《尚书·尧典》"期三百有六旬有六日"和"以闰月定四时，成岁"的记载，以及节气的出现。观象台的面世，无论对中国古代天文学研究，还是对中华文明起源研究，都将起到极大的推动作用。更为重要的是，这令我们认识了那个时代最大的发展动力就是历法。历法的出现，让人们掌握了日月轮回的规律，进而产生了节气；节气的推广，促进了农耕；农耕的发展，促进了国家的诞生。

陶寺遗址让尧庙的煌煌地位更加牢靠，不可动摇。若是细细一想，陶寺遗址要比尧庙早得多，所以标题《陶寺与尧庙》自有其道理。

跟着帝尧过日子

看到这个题目，你可能会有疑问，帝尧是距离我们现在4300多年前的国祖，我们如何跟着他过日子？如果按照山西省政府门户网站上所挂的时间计算，帝尧约出生于公元前2377年，逝世于公元前2259年，今年适逢4401岁华诞。因而，民间于农历四月二十八日为帝尧庆贺生日，发起了拜谒大典。如此看帝尧距离我们4401年，让我们跟着他过日子，岂不是梦想笑谈？有疑问正常，确实如此，帝尧无法像爸爸、妈妈那样，具体指导我们吃饭穿衣、读书学习。不过，从宏观来看，我们仍然生活在帝尧为国人制定的天道法则中。就说过年，帝尧钦定历法，才有了年的划分。从上古时期到如今，我们所过的每一个大年，都遵循着他揭示的天道法则。

若是时光逆流，回到西汉时的长安古都，我

们还可以看到这样一幕：在金碧辉煌的天子宝座中，汉武帝焦灼不安。堂堂天子，一言既出，举国相应，他为何焦灼？《汉书·律历志》记载："朔晦月见，弦望满亏，多非是。"日历不能准确地反映四时交替和天象之变。汉武帝为此而焦灼。是的，夏朝以孟春的元月为始，商朝以冬季十二月开启，周朝以十一月立定，秦朝以十月迎新……年序如此混乱，天下民众哪能正常耕种生产？解除汉武帝焦灼的是司马迁，他让汉武帝露出了笑颜。世人知道他是"史圣"，却少有人知道作为太史令的司马迁还负责天文历法之类的大事。汉武帝对司马迁制定的新历十分满意，改年号元为"太初"，定名为《太初历》，到泰山行封禅大典庆贺新历制成。《太初历》改过去以十月为岁首，确立了以孟春正月为岁首的日历制度，这等于恢复了夏历，而夏历就是大禹沿用的帝尧钦定的历法呀！

看来，帝尧钦定历法揭示了人间正道，偏离就会混乱，就会给民众生产生活带来很多不应有的麻烦。何止是古代，即使如今农民劳作还沿袭着往日农事节气呀！临汾民间流传着很多关于节令的谚语："惊蛰不耕田，不过三五天"，是说惊蛰前后，大地解冻，到了耕牛遍地走的时候了。"四月芒种齐芒种，五月芒种过芒种"，是说收麦的时间。如果农历四月芒种，那芒种时就能割麦；如果农历五月芒种，那过了芒种才能收麦。那何时播种小麦？"白露种高山，寒露种平川。"……

无数信手拈来的农谚，就是时节对农事的命令，这节令从帝尧那时起流传了数千年，一直到现在还是农人必须遵循的规律。可见，我说跟着帝尧过日子没错吧？

不过，走进尧庙，我们还会有另一种感悟。请大家注意一下甬道两侧的雕塑，多数是模仿陶寺遗址出土的文物。这些文物，都是帝尧那时的用具和礼器。从过日子的角度审视，用具就有不少，有釜灶、陶鼎、单把鬲、石刀、三足杯、折腹斝、陶豆、折肩罐、陶盆、陶壶和扁壶等。

釜灶、单把鬲和陶鼎，都是做饭的用具，兼具炉灶和炊器功能。釜灶，相当于现在做饭的锅。当时没有铁器，便用陶来制作。有个成语"釜底抽薪"。薪是柴火，上古时期还没有开发出煤炭，做饭只能烧柴火。抽掉柴火无法做饭，民以食为天，不能吃饭，就不能生存。正如俗话所说，世界上什么问题最大？吃饭问题最大。帝尧时期首要的就是让大家吃饱饭，他不仅钦定历法，敬授民时，教大家种地，还发明炊具方便大家做饭。

单把鬲（lì），仅这个鬲字就让人浮想联翩。尧都区和附近几县年纪大点的长者都会联想到：

单把鬲

扁壶

陶鼎

釜灶

折腹盆

带流钵

陶埙

陶瓶

鬲炉。过去本地人冬天在屋子里做饭，还能烧炕取暖。天一变暖，就搬到外边做饭。很多人家没有厨房，便在屋檐下放一个简单的炉子。这炉子就叫鬲炉。祖祖辈辈就这样叫，谁也不知道鬲炉的"鬲"字如何写。陶寺考古队发掘出做饭的单把鬲，一对照，不少人明白了，原来我们生活在帝尧时期先祖的发明创造里，我们的方言携带着深远的历史。

相对于釜灶和单把鬲，陶鼎该算是做饭的豪华用具。王勃在《滕王阁序》中写道："闾阎扑地，钟鸣鼎食之家。"用"钟鸣鼎食"形容家庭富贵。帝尧时期煮饭使用的是陶鼎，把各种食物一起放入鼎里，在鼎的底部生火煮熟。这有点像是我们当今做大烩菜。到了西周时期，陶鼎才逐渐被铜鼎代替。成语"一言九鼎"，大家一定都知道，表示说话要有信誉，是很有重量的承诺。为什么九鼎代表有重量的承诺？九表示九州，鼎表示吃饭，说一句话等于让九州先民都能吃饱饭，民以食为天，这分量够重了吧！

炉灶有了，做饭少不了要用刀子，陶寺遗址有吗？有。而且不再用陶土烧制，是用石灰岩磨制成的，还翘着个把，可以推，可以拉，可以下压加力，切菜、剁肉得心应手。仔细看，人和自然最初的关系显示出来了，借助、改造、利用。这种方式虽然拙朴，但对自然生态的破坏很小，有利于生态文明建设。

做饭的一应用具基本齐备了，那如何吃喝？吃喝的用具也一应俱全，比如三足杯，能用它来喝水，也能喝在釜灶上煮好的汤。看形状就会明白，它与我们现在用的带把茶杯非常相似，只是下面多了三只足。这三只足有什么用？中国古代没有保温瓶，更没有保温杯，即使到了1950年前后，农村还没有暖水瓶。家里用的是氽壶，一种圆柱体的铜壶，有一尺多高。里面装上水，塞进炉嘴，很快就会烧开。一般招待客人和自己着急喝水，都用氽壶烧水。看来这三足杯可以直接烧水，也可以放在火塘上保温。

再看陶豆。"豆"干什么用？用于装菜、装水果，或者装干果，多是宴宾待客时使用，相当于我们现在的高脚菜盘、果盘。这件用品到了周代

三足杯

石刀

石磬

石磨盘

玉瑗

石钺

围棋盘

陶灶

陶盆

龙盘

《击壤歌》

《康衢谣》

陶豆

还在广泛使用，即使不再是高脚的，人们也习惯说"豆"。"豆"就是曾经的果盘、菜盘。

还有折腹斝（jiǎ）。中国人评价哪一个人有本事，夸说人家"吃香的喝辣的"。"吃香的"是吃炒菜。尧庙仿制的这些文物雕塑中，唯独没有炒菜的用具，炒菜要用铁锅。铁锅要到宋代才会出现，宋代以前恐怕烤肉是最香的。现在很多青年人喜欢吃烧烤，或许这也是返祖现象。那么"喝辣的"是喝什么？喝酒。帝尧时期有没有酒？有。

折腹斝

我们现在喝酒，酒杯种类很多。那时喝酒用什么杯？出土于陶寺遗址的折腹斝，就是帝尧时期的酒杯。由此可见，那时就有了酿酒技术，即使属于初级酿造水平，也是"喝辣"的开端。

还有一件叫折肩罐。看到它大家有何想法？如果说前面的陶鼎、陶豆、折腹斝都是用来吃喝的，那么这个折肩罐则是当时的盛物用具。折肩罐的样式现在很常见，由此可见先民的智慧。折肩就是缩小了口，便于加塞封存。下面肚子圆鼓，能够多装东西。

其实，折肩罐和吃喝还有点藕断丝连。罐里

折肩罐

装的东西未必不是做饭的米，或者烧熟、烤熟的肉。接下来要介绍的器物可就和吃喝没有牵扯了。陶盆，现在虽不用了，但盆却还在使用，而且被广泛使用。虽然质地大为不同，但模样大同小异。无论是铜盆、铁盆、铝盆，以及现在流行的塑料盆，仍然容颜不改旧时样。

陶壶，与陶盆有异曲同工之妙。我们现在的生活仍然离不开壶，有水壶，有酒壶，有醋壶，还有异军突起的烧水壶，等等。同样都是几千年来质地不断改进、用途始终不变，论发明专利还是属于我们的先祖。最为有趣的是，陶寺遗址还出土了扁壶。扁壶既可以从井里打水，又便于挎在身上携带。这有点像是一度流行的军用水壶，不，应该说军用水壶就是仿照这个扁壶的样子制作的。

陶壶

　　"敬天法祖"是尧舜传人的千年传统。姑且不论敬天，仅说法祖，不只是意识形态的承续，在方方面面的生活用具上都能体现出来。帝尧时期的发明创造，有宏观的历法、节气，有微观的生产生活用具。且不论宏观的，仅就微观来看，有不少用具至今还与我们相依相伴，不离不弃，这么说来跟着帝尧过日子一点不假。

　　当然，在仿用帝尧时期的器物时，若能延续那时的开拓创新精神，我们的日子会过得更好。

五凤楼渊源

进北京，游故宫，听介绍，导游指着午门上的楼阁说这是五凤楼。我问，为何称五凤楼？导游指画着一数，原来正中有一座楼，两侧各有两座廛楼，正好五座。这五座楼高低错落，左右呼应，形若朱雀展翅，因而称为五凤楼。

导游的介绍虽然能够自圆其说，却未必是真实意思。那五凤楼有什么含义？走进临汾尧庙观瞻一下五凤楼，就会一清二楚。尧庙的五凤楼不是五座，而是一座。那为何一座也称五凤楼？

帝尧统领天下时，善于发现人才，任用人才，手下有四位贤能的大臣。有研究历法，敬授民时的；有制定刑法，推广实施的；有垂拱而治，教化民众的；有善于种植，教民稼穑的。这四位大臣贡献很大，后人将他们与帝尧一起尊称为"五凤"。临汾人常说，一凤升天，四凤和鸣。意思是帝尧冲天腾飞，四位大臣也奋翅翔游，比翼左右。所以，后世子孙建造尧庙的时候，不仅建了广运殿，供帝尧召见群臣，接受周围各方国的顶礼朝拜，而且建造了五凤楼，供帝尧和四位大臣商谈议事。

探寻到此，就可以看出尧庙的五凤楼是在纪念帝尧和四位大臣。那为什么要将他们尊称为"五凤"？这是因为帝尧和凤凰有着深远的历史渊源。

说清这事，首先要搞清楚凤凰。凤凰和龙一样，都是虚拟的，不是真实动物。龙的主体是蛇，那凤凰呢？有人说是孔雀，这值得商榷，因为孔雀是外来的。其实凤凰的主体应该是大公鸡，凤凰是"鸡头龟背蛇脖子，燕领鱼尾五彩色"。那么

五凤楼近景

大公鸡为何会变为凤凰？晋人王嘉写过《拾遗记》，书中有这样的记载：帝尧在位时，政通人和，风俗淳厚。但常有恶虎下山，妖魅出林，肆虐为害，百姓视为莫大祸患。后来，祇支国献来一种重明鸟，别称双睛。双睛就是眼中有两个瞳仁。这重明鸟其实就是大公鸡，专门搏逐猛兽妖魅，使它们不敢作恶。祇支国本来是要用重明鸟保护尧宫安全的，可是帝尧生活不特殊，想到的都是平民的安危，就把重明鸟放出宫殿，到处为国人镇邪降恶。先前每逢过年，各家各户都要贴一张大公鸡的年画，大公鸡本来就有捕捉害虫的功能。过去各家的鸡都散养，只要蝎子、蜈蚣之类的五毒一出现，就会成为大公鸡的美食。"鸡"与"吉"谐音，因而家里贴一张大公鸡表示大吉大利。

大公鸡作用如此之大，国人便以此为主体继续构想，放大其作用，美化其形姿，进而赋予其人格道义，形成了"凤凰"。东晋著名学者郭璞在《尔雅》中，阐释了凤凰负载的人格与道德，他写道："首文曰德，翼文曰顺，背文曰义，膺文曰仁，腹文曰信。"这就等于说，凤凰代表了五种高尚的道德品质。

对于凤凰，张德宝、庞先健在《中国吉祥图案解说》中解释得更为生动。据说，黄帝听说过凤凰，可是没有见过。到底凤凰是什么模样？黄帝问大臣，没有一人说得出来，黄帝去请教见多识广的天老。天老对他说，凤凰的长相，前身似鸿，后身似麟，蛇颈鱼尾，龟体龙纹，下巴如燕，口喙像鸡。全身的羽毛皆成文字："首文戴德，颈文揭义，背文负仁，腹文入信，翼文循礼。"当它扬起脖颈，振开双翅时，色彩斑斓，五光备举。而且饮食有仪注，交游有选择。鸣叫时声若金鼓，飞翔时百鸟相随。普天下的禽类中，唯有凤凰能究万物，通天地，览九州，观八极，因此被尊为百鸟之王。

　　看来凤凰这百鸟之王，真是完美的化身了。这么尊贵的鸟，当然不会随便出现，若是出现那必然是太平盛世了。可惜，黄帝时代与之无缘。那么，凤凰会面世吗？会。世人把凤凰面世称为

五凤楼远景

"凤凰来仪"，这美满的景象终于出现了，不过是在帝尧时期。那时，天下邦国和洽，民众幸福安康，"凤凰"飞到帝尧所在的唐国，飞到他议事的宫殿前面，翩翩起舞。

可以看出，很早以前文士贤达已把帝尧的高尚品德移情于凤凰了，而又用凤凰的华美来喻指帝尧和辅佐他理政的四位大臣。这就是尧庙五凤楼的由来。

如果再寻找佐证，可以去尧陵。尧陵在临汾城东北的北郊村，背依高山，面临清流。历经沧桑的山门虽然破旧，仍然不失高巍。高巍的门楼上有花枋，花枋上雕刻的不是龙头，而是凤头，是一只与历代帝王庙陵浑然不同的凤凰头。而且，门额上雕刻的图案是两只对称的凤凰。这凤凰的形象又十分奇特，凤头凤尾却是龙身，这在古代居然呈现出了魔幻现实主义的风格。

正是由于帝尧时期先祖像崇尚龙那样崇拜凤凰，所以后人在建造陵庙时，就使用了凤凰的图案和名称。五凤楼就是在这种历史背景下诞生的。故宫与尧庙相比当然要晚得多，尧庙始建的年代很早，即使从迁到现址的时间看，也当属于唐代，而建造故宫则是明代。自然，故宫的五凤楼要比尧庙的五凤楼晚得多，午门的五凤楼或许是在模仿尧庙。

这样判断是不是有点不着边际？如果您搞清故宫的本名紫禁城和帝尧有密切的关联，就不会再有疑问。紫禁城这名字是怎么来的？皇帝住地，不是任何人都能进入的，因而取一个"禁"字。"紫"字何来？取自紫微大帝的这个紫字。因为紫微星是帝星，代表着帝王。这样就将"紫"和"禁"字组合在一起，名为紫禁城。紫禁城名字的来历搞清了，可和帝尧有啥关系呢？关系在于紫微大帝，又称紫微天官大帝。天官，是道教尊奉的神职。你道这天官是谁？不是别人，就是帝尧啊！帝尧这天官就住在苍穹之上的紫微宫。紫微宫，又名紫微星垣。紫微星又称北极星，北斗七星中的其余六颗星都围绕着它旋转。为此，紫微星被历代尊为帝星，也就是帝王之星。孔子在《论语·为政》中说道："为政以德，譬如北辰，居其所而众星共之。"意思是，领导要以德治国，就像北斗星那样，别的星星簇拥在其周围。说明白点，即要像帝尧那样用道德治理天下，让各个方国像星星那般拱卫在中心之国的周围。历代皇帝也想获得帝尧那样的权威、那样的尊荣，因此才会选取紫微星作为紫禁城的名字。

探究到这里，紫禁城的午门模仿历史久远的尧庙叫作"五凤楼"，不仅没有丝毫的不妥，而且顺理成章。

水井的来历

谁会想到参观尧庙居然可以搞清水井的来历。

尧庙里有个奇特的建筑——尧井。元朝时尧井上建有亭台，人称尧井亭。一般寺庙里都有水井，不足为奇。寺庙里都要住人，人要吃水，有井才方便。奇怪的是，寺庙里的水井多在边角旮旯，而尧井却建在庙的中央，还要建造个亭台，摆在十分显眼的位置。有建筑学家看了尧井说，位置不对，不应阻塞中间的甬道，这妨碍皇家出入；有风水学家看了也说不妥，尧井占了中轴线，中轴线是龙脉，切断龙脉不妥当。唯有考古学家见解不同，看了说好，好就好在，这里不是先建庙后凿井，而是围绕着这眼井选定的庙址。

尧庙为什么要围绕水井选址？原因在于帝尧开凿推广了水井。帝尧时期天下出现了大旱，赤地千里，颗粒不收，人们吃饭饮水都受到了威胁，生命几乎危在旦夕。《淮南子·本经训》中这样记载："尧之时，十日并出，焦禾稼，杀草木，而民无所食。""十日并出"自然带有神话色彩。我们不妨先看看神话怎么解除这场大旱。

　　袁珂先生根据多种资料建构出了神话。神话里的十个太阳都是东方大帝帝俊的宝贝儿子，他们个个身上带着热，闪着光，住在东方大海上的旸谷。旸谷长着一棵高大无比的扶桑树，树上伸开十个粗壮的枝条。每个枝条上住着一个太阳宝贝，轮到谁住在最上面那个枝条上，第二天就由谁上天值班。这个太阳宝贝一上班，大地上就一片光亮，新的一天开始了。就这样，每天一个太阳宝贝上天，天天如此。这是父亲帝俊和母亲羲

广运殿前的尧井

和为他们编排好的活动次序。

　　请注意太阳宝贝母亲的名字"羲和"，这不正是观天测时的"羲氏"与"和氏"的巧妙结合吗？他们最早观测、掌握了日出日落的规律和太阳南去北归的秘密，所以就把他们神化，化作太阳宝贝和善的母亲。中华先祖创作神话也不是毫无来由的虚构，而是神化有贡献的先祖。我们接着看袁珂先生笔下的神话情节是如何展开的。

　　太阳升天的时候，庄严而又美丽。扶桑树梢住着一只玉鸡。每当夜色消退，黎明快要到来时，玉鸡伸长脖子一叫，太阳宝贝便冉冉升空。六条龙拉着一辆车，坐在辕上驾车的是母亲羲和，太阳宝贝坐着这车缓缓上升。升到最高处，母亲就告别宝贝，驾车回去，剩下的路就由太阳宝贝自己走。这路好走，都是下坡，太阳宝贝不费劲，落下去，慢慢落在大山的背后，返回旸谷，休息九天后再上天值班。

　　这么日复一日、年复一年地轮流着，天下太平，人间安详。可是日子久了，太阳宝贝就厌烦了，想玩点新鲜花样。有一天，他们聚在一起开了个会，定下个新玩法。这一玩就玩得天下火热火热，众生热得气息奄奄。第二天，这十个太阳宝贝居然一下子都蹿上天空，母亲羲和察觉时已经晚了。她怎么呼喊也喊不住，宝贝们朝她挤眉弄眼，乱蹦乱跳，天下的酷烈大旱灾就这么发生了。

以往也闹过旱灾，每逢此时，帝尧赶紧带领先民敲锣打鼓，将那个名叫女丑的巫师放在山头的草席上暴晒，不多时就会阴天下雨。这一回，帝尧把锣鼓敲破了，女丑都晒死了，啥事也没顶。十个太阳的强光继续炙烤大地，简直快要着火了。帝尧只好跪在地上朝高天祷告，祈求赶快拯救众生。天帝听到了，便派神射手后羿下凡解除干旱。

后羿领命后，带着妻子嫦娥来到人间。他一到地上，立即怒火中烧，只见树枯了，草焦了，河涸了，遍地都是浮土。众生躲藏在山洞里奄奄一息，眼看就要渴死。后羿按捺住火气朝太阳宝贝叫喊，快回去吧，别闹了，人间遭大难了！

太阳宝贝玩得正上瘾，谁也不理睬他。后羿说多了，还怪他多嘴多舌。后羿暴怒了，挽弓搭箭，朝天空射出一箭。只听"嗖"的一声，一团火球爆裂，流火乱飞，一个太阳掉在地上。后羿又搭一支箭射了出去，又一个太阳破碎了。随着两个太阳的破碎，顿时凉快了好多，人们纷纷跑出山洞来看热闹，为射日英雄喝彩鼓掌。

后羿更加带劲了，射了一箭又一箭，太阳掉下一个又一个，眼看天上只剩下一个太阳了，他又要拔箭去射。帝尧慌忙将他拦住，留个太阳还有用呀！就这样，天上只剩下了一个太阳，后羿为民解除了大旱的灾难。

神话再优美、再热闹，终归是虚无的、缥缈的，只能解除帝尧和先民的焦虑。无法解除上古时期的大旱，也就无法慰藉后世子孙的心灵。

大旱还是大旱。

焦虑还是焦虑。

大旱和焦虑如何解除？解除的办法只能在民间传说里面找到。遭遇大旱，先民躲在山洞里一筹莫展，帝尧也同大家一样发愁。

凡人发愁是没办法，圣人发愁是想办法。

有一天，帝尧顶着烈日寻找水源，从汾河边走到卧虎山下也没找到一眼清泉。他浑身流汗，便坐在一棵枯树下歇脚。他实在太累了，就想打个盹。刚闭住眼睛，脚上痒痒，睁开眼睛，看见一只蚂蚁爬上了脚面。帝尧没有伤害这只小虫子，看着它在脚上周游一圈溜回地上。顺着这只蚂蚁的行迹，帝尧看见更多蚂蚁，它们进出洞口，来来往往，生机勃勃，一点也没有干渴的样子。帝尧想，难道这小虫子就不喝水吗？不可能，不喝水就会渴死。既然要喝水，那就说明地下会有水。这么一想，眼前豁然开朗，他立即将这个想法告诉了随从。随从听了，觉得很有道理，就动手挖水。先从哪儿下手呢？伯益有法子，他带领众人打猎时挖了不少陷阱，就从陷阱深处往下挖，深挖两层，看到了湿土。看来地下真有水，众人劲头更高，加紧往下挖。再一挖，挖出了大家的惊喜，果然涌出了水，众人可高兴啦！这一来，先民有水可喝，禾苗有水可浇，不再发愁活不下去。

张崇发先生著有《中华名胜古迹趣闻录》一书，书上写道，尧庙"五凤楼后面有个尧井亭，建于晋太宁年间，距今一千六百余年。亭为六角形，底座较高，四周围以砖砌花墙。亭四周，松柏花木茂盛；亭中央，一眼古井，水势很旺。据说这是尧王和他的大臣们，在远古洪荒年代，为人类开凿的第一口水井。尧王凿井之后，舜便效法尧王，推广凿井。因此，《括地志》上有'历山南有舜井'的记载。由于尧、舜凿井，后人才懂得利用地下水源，因而，才渐渐离开河流居住。照这么说，这口井简直可以称为'人类从愚昧走向文明的一个台阶'了。尧、舜二王在操劳国家大事之余，连开凿这一类苦活，都能去做，实在难能可贵"。

张崇发先生的这段文字写得清楚明白，评价

也很到位。当然，若再翻些史料，便会对这种定位产生怀疑。《世本》这么记载："黄帝见百物，始穿井。"这么说，水井在帝尧之前就已经有了。可是，往下看该书，在尧的纲目下又有"化益作井"之说。"化益"何许人也？《中国古代文明与国家形成研究》一书转引宋衷的文章回答："化益，伯益也，尧臣。"看来，该书是自相矛盾了，先说黄帝始穿井，又说尧臣伯益作井，岂不让人雾里看花、难以判断？

　　如何理解这矛盾的说法？其实，将这些说法对立起来，是我的浅薄。中国近现代史学先驱柳诒徵先生，早就在他著写的

游客观看尧井

《中国文化史》一书中化解了这种疑虑，他是这么说的："后世之人发明一物，往往同时异地各不相谋者，矧（shěn）古代交通不便，未有文书，仿效传播，不若后世之捷乎？黄帝作井之法，或限于一地，或久而失传。唐尧之时，化益别于一地作井，则作井之人，先后有二矣。"

柳诒徵先生不愧为中国近现代史学研究的先驱，他历经清朝、民国，中华人民共和国成立后才去世。他的这个说法实在高明，不仅化解了《世本》中的矛盾，而且为我们客观认识水井及古代发明提供了新的思路。的确如此，古代交通闭塞，传播滞后，一项新的发明要传播，费时费力。水井的传播或许正是这样，需要有个恰到好处的天时。黄帝他老人家说早就"始穿井"了，可是，年年普降甘霖，遍地都是清流，先民未遇见天旱，怎么会知道井有用处呢？待到数代之后，天下大旱，禾木枯焦，急需用水了，却忘了先祖掘土挖水，只好重复发明。因而，水井的发明权归结到帝尧和他的大臣伯益身上。

说得清楚明白吧？很清楚，很明白。真佩服柳诒徵先生严谨的治学精神和出众的感悟能力。

敲击到此处，忽然想起李学勤先生主编的《中国古代文明与国家形成研究》一书中有这么一段话："五帝时代特别是尧舜禹时期发明了凿井的传说，完全可以与考古相印证。依据考古发现，水井最初出现在河姆渡遗址……即距今5700年上下……在水位较低的黄河流域，开凿水井难度较大，故这里到了距今5000至4000年的龙山时期才普遍发现水井。这一时期正好与传说中的尧舜禹时期相当，而文献中关于虞舜、伯益，特别是伯益的凿井传说也较多，这是值得我们注意的。"

值得我们注意，为何值得注意？是因为距今5700年的河姆渡遗址已经有了水井，帝尧时期早也不过4500年，说此时发明水井有点站不住脚。那为何史书要将水井维系在帝尧和伯益身上？李学勤先生给出的答案是，地处黄河流域的北方"水位较低"，"开凿水井难度较大"。其实，这只是答案之一，之二就应是柳诒徵先生的观点：古人交通不便，发明传播缓慢。倘要是站在河姆渡遗址观看那水井，更是一目了然。那井根本不像井的模样，与北方的泉别无二致，浅得弯腰伸臂，就能用陶罐将水打满提起。这样的水井，只能留在考古学家的记载里，根本没有进入上古先民的记忆。为此，帝尧开动脑筋，凿井而饮，解除大旱成为尧舜传人一代一代的美谈，直至今天。

华表始于诽谤木

广运殿前面竖立着两根光秃秃的木柱，这是为什么？

先不要急着回答这个问题，我们把目光聚焦到北京天安门。之所以将目光锁定到北京天安门，是缘于其前后各屹立着两尊精美的蟠龙石柱。石柱挺拔而起，直指苍穹。横生的云板，更增添了凌空而上的气势。石柱上腾飞的巨龙盘旋飞跃，展示着播云布雨的浩然气象。众所周知，这蟠龙石柱就是华表。

华表早就成为中华民族的象征，大凡有"中华"字样的标志，其图腾多是华表。华表为何能享有如此盛誉？追溯华表的来历，就能回答上面的问题。《新编中国历朝纪事本末》一书中记载："尧还有一项创举，设诽谤之木，在他的王宫前装上一个装饰美观的木架，上面放置一块能敲响的响木，谁有意见都可以敲响这块诽谤木，尧将随时走出王宫纳谏。后世王宫的华表，据说是源于尧的诽谤之木。"

持这种见解的人很多，典籍记载随处可见。崔豹《古今注·问答释义》中载："程雅问曰：尧设诽谤之木，何也？答曰：今之华表木也。以横木交柱头，状若花也，形似桔槔，大路交衢悉施焉……亦以表识衢路也。"

《辞海》综合了各种文本的意思，解释较为全面："华表，亦称桓表，古代用以表示王者纳谏或指路的大柱。""古代设在桥梁、宫殿、城垣或陵墓等前作为标志和装饰的大柱。设在陵墓前的又名'墓表'。一般所见为石造，柱身往往雕有蟠龙等纹饰，上为云板和蹲兽。北京天安门前后的两对华表，用巨大的

尧庙广场华表

汉白玉雕刻而成，造型精美，是华表中的优秀作品。"

上述史料无一不在说明，华表始于诽谤木，原初的作用是帝尧用来虚心听取民间意见。

帝尧为什么会有这种民主纳谏的作风呢？他是吸取了兄长帝挚的教训。从史料上看，他的帝位是从帝挚手中接过的。据说，帝挚是一个暴君，他一登上帝位就被一伙小人包围了，这个道喜，那个朝贺，弄得他忘乎所以，随意行事，竟然还把这样的小人委以重任，欢兜、三苗就是其中的两位。这两人赴任前请教另一位小人狐功，有一段对话听来让人胆寒。钟毓龙在《上古史神话演义》中写道，狐功告诉二人："南方刁民，天性狡诈，又好作乱，非有严刑重罚，不足以寒其胆。从前，玄都九黎氏治世，百姓都很服从，关键是刑罚严峻。所以，二位赴任切不可姑息为仁。"

三苗闻言，荡笑狂语："这很容易，我即立个章程，要子民把宝货好物尽皆奉献，不然，立即杀掉！"

哪知狐功不以为然，淫笑着说："不妥，不妥，依我看罪有大小轻重，不必全杀。再者，全

广运殿前诽谤木

杀了连痛苦也没有了，岂不便宜了他们？该想个办法，要他们求生不得，求死不成，那他们才会惧怕。"

　　试想，让这样一帮小人统辖子民，鱼肉百姓，天下岂有安定之理？果然，没过几年，万国纷乱，诸侯反叛，各部族不再朝拜帝挚，而去朝拜唐侯放勋。放勋推辞不过，被簇拥上了王位，这就是后来万民尊奉的帝尧。

　　位处权力巅峰的帝尧吸取了兄长失败的教训，决心治理好天下。要了解他当时的心情，可以借用他所作的一首歌，即《尧戒》：

　　　　战战栗栗，

　　　　日谨一日。

　　　　人莫踬于山，

　　　　而踬于垤。

　　《尧戒》的意思是，帝尧战战兢兢地料理国事，如同在薄冰上行走，一天比一天小心谨慎。他告诫自己，人不会在大山上翻倒，却时常会跌倒在小土堆上。那如何避免跌倒、防止闪失？在宫殿前设立诽谤之木、敢谏之鼓，是他采取的举措。击鼓建言，诽谤无罪，即使说错话也不会追究过失，这放在今日也是难得的境界。

帝尧设立了诽谤之木和敢谏之鼓，就是为了广泛听取民众意见，不断改进治世方略。帝尧做到了吗？时光远去，难以查考，但是我们仍能从史书中窥见他的民主作风。他经常召集部族和部落联盟会议，有些史书上称之为"军事民主制度"。

《尚书·尧典》中记载：

帝曰："咨！四岳，汤汤洪水方割，荡荡怀山襄陵，浩浩滔天。下民其咨，有能俾乂？"

佥曰："于！鲧哉。"

帝曰："吁！咈哉，方命圮族。"

岳曰："异哉！试可乃已。"

帝曰："往，钦哉！"

将这段记载翻译出来就是，在一次会上议事，帝尧提出："谁可以带领平民治水？"众臣说："鲧可以。"帝尧觉得鲧刚愎自用，不可重用。此时四岳发表意见，认为可以试用。四岳都是德高望重的首领，帝尧虽然有不同看法，却尊重他们的意见，让鲧领命治水。后来的事实证明，鲧没能制服洪水，辜负了大家的厚望。

到了晚年，帝尧深感精力不济，就让大家推荐个继承人。《尚书·尧典》这么记载：

帝曰："咨！四岳。朕在位七十载，汝能庸命，巽朕位？"

岳曰："否德忝帝位。"

曰："明明扬侧陋。"

师锡帝曰："有鳏在下，曰虞舜。"

帝曰："俞？予闻，如何？"

岳曰："瞽子，父顽，母嚚，象傲；克谐以孝，烝烝乂，不格奸。"

帝曰："我其试哉！"

《尚书·尧典》很好地还原了帝尧和群臣议事的场景。帝尧说："啊，四方诸侯之长，我在位七十年，你们谁能顺应天命，取代我的帝位？"

四方诸侯之长说："我们德行鄙陋，不配代帝位。"

帝尧说："可以明察贵戚中的贤良，也可以推举地位卑微的贤良嘛！"

众人提议说："下面有一个贫穷的平民，名叫虞舜。"

帝尧说："是的，我也听说过。这人怎么样？"

四岳回答："他是乐官瞽瞍的儿子。他的父亲心术不正，后母说话不诚，弟弟象傲慢不友好，而舜仍能同他们恭敬相处。他以孝行美德感化他们，又加强自身修养，不流于奸邪。"

帝尧说："那我就试试吧！"

这段对话，完全能够看出帝尧虚心听取众人之言的作风。更为难能可贵的是，帝尧并没有因为治水时四岳举荐错了鲧，不再信任他们，而是一如既往，认真听取他们的意见，因此起用了虞舜。如此看来，立诽谤之木也好，设敢谏之鼓也好，其实只是一种标志，关键在于帝尧心目中有一把民主治世的标尺。

最初的诽谤木，只是一段木头，或许为了能够敲击发声，还是一段腹枯肚空的木头；后来这木头成为一根完整的柱子，而且光洁滑亮；再后来这木头还雕上了花纹，变得细致好看；再再后来，竖木上有了横木，上头有了飘逸的云团，更为美观；再又往后，这诽谤木设在了城边，而且路口、墓前也有了，还变成了石头的，以至于变成了现今屹立在天安门前后的华表。华表成为中华民族的象征，因为其上蕴含了深厚的传统文化。

那么，演化为华表的诽谤木，还有没有原初监视王权的意味？我们见识一下。王大有先生在《中国龙种文化》一书中介绍：华表基座为八角形，是由象征四面八方的八芒太阳纹（八

华表

诽谤木

卦方位）变化而来的，象征天地交泰。柱身浮雕是层层云朵，回环升腾，云气中有一条飞腾的巨龙，昂首飘须，奋爪曲身，栩栩如生。在龙首两侧的柱身上，横插着两块云板，上面雕饰着朵朵卿云。两块云板本身也被制成飘逸的云朵，云头在内，云脚在外。两柱对称，产生向上的张举力，因此华表给人高矗入云、直插天际的感觉。龙首上面是双层复瓣莲花组成的承露盘。承露盘是用来承受天上甘霖玉露的，有祈雨丰年的意义。盘中蹲有一条玉龙，遥望长空碧野，人们叫它"望天吼"。据说它能监督帝王的行为。朝向天安门里的叫"望君出"，意思是说帝王在宫内不要沉迷淫乐，要想着天下百姓，要出宫体察民情；朝向天安门外的叫"望君归"，意思是说帝王外出不要耽于游乐，要及时回来料理朝政。

可见，华表是帝尧树立的民主治世的标杆。

石头上的历史

经风雨，见世面，是我们经常说的一句话。见世面，是要人们走出家门，走向更广阔的天地，见识更多的世事。曾经有首歌曲唱道"外面的世界很精彩"，既然精彩，那我们就走出家门，多见世面。

不过，若是要问这"世面"缘何而来，可能知道的人不会多，他们并不清楚"世面"其实是由"石面"演变而来的。

跨进尧庙的广运殿，足下就是一块方方正正的大青石，石头平平整整，光光洁洁，安放在刚进殿的门口。为啥要在门口安放这么一块大石头？有人说，门口来往人多，容易踩踏磨损，所以安放石头。这种说法虽然不无道理，可是，稍有些历史常识就会知道，这只是一种猜测。推测当然很难准确，准确的说法应该是，这石头是身份地

广运殿

位的象征，也是对人类历史的铭记。

证实这个说法，需要借助考古。1998年，考古学家发掘了临汾市的下靳古墓群，从出土的陶器、玉器看，这些墓葬当属于尧、舜、禹时期，这对于确认尧都平阳，确认古中国的形成有很大价值。有趣的是，这些考古发现也为我们了解本文的话题提供了证据。我们从那些古墓中能够看到每个坑穴里都有一块石头，有的石头大，有的石头小，大墓大石头，小墓小石头。不只是下靳遗址的墓葬如此，比之发掘更早的陶寺遗址也　样。这肯定不是偶然，考古专家认为这是镇墓石。以石头镇墓，自然是因为对石头的崇拜。

崇拜石头是旧石器、新石器时代先祖共同的信仰，这是因为，那时候石头是人类的有效工具、得力助手。人类用石头打摘树梢的野果，用石头攻击眼前的野兽，石头是人们不可或缺的工具，这工具既可以护身，也可以狩猎。再后来，人们又用石头打制石头，将石头打制成需要的模样，这就有了石斧、石耜以及众多的石头用具。尧庙甬道两侧陈展的仿文物石雕中，还有石刀和石磨。石刀可以切肉、切菜，将肉菜煮熟而食；可以裁割兽皮，将兽皮包裹在身上御寒。在那漫长的时光里，人类依赖石头而生存，而发展。即使到了帝尧时期，人们仍然离不开石器。石头帮助人类，人类崇拜石头，所以才会出现镇墓石现象。墓中石头的大小，因为主人的身份、地位而大，而小。

明代尧陵碑

石头崇拜不仅体现在陪葬上，而且也体现在尧庙。因而，当我们走进广运殿才看见了那块方方正正的大石头。帝尧去世后，人们不仅在他的陵墓里放置大石头，还在建造的庙殿里安放大石头，以此表达对他的崇敬。这种做法逐渐传播开去，以至于后来皇帝的金銮宝殿里都要安放大石头，最终成了一条规矩。

如今我们走进北京故宫，在最为主要的太和殿、保和殿、中和殿里，都可以看到门口有块大石头。这石头都是青石，打造得方方正正，象征着清正廉明。如此，宫殿里放置大石头成了皇家的专利，只有走进皇宫才能看到。过去若是哪位受到皇帝召见，俯首低头跨过高门槛进入大殿，首先看到的不是皇帝的尊荣，而是脚下的石头面子。只有呼过"吾皇万岁，万万岁"，皇帝道声"爱卿平身"才敢仰视圣上。所以，受过皇帝召见的人，都见过那个大大的石头面子。久而久之，见过石面成了见过君王的代名词。

后来，这种说法流传开去，在流传过程中意思拓宽了许多，不仅面君，走出家门，去外地闯江湖，也叫作"见石面"。不过不再说石面了，而被说成"世面"。"见石面"就这样演变为"见世面"了，而且与"经风雨"连在一起，成为人生经受历练、逐渐成熟的标志，这就是"经风雨，见世面"的来历。看看，尧庙的文化根底多么悠久深厚啊！

源远流长的"中国"

中国是我们伟大祖国的名称，我们的祖国是有着五千年文明史的国家，是世界上的文明古国。

那么，中国这个名称起自何时何地呢？

站在尧庙，读懂帝尧，便可以骄傲地回答：中国的名称起自尧舜时期，起自临汾。当然那时候还没有临汾之称，那时候我们这儿还叫平阳。因此，史书多有记载："尧都平阳"。

若是细究，尧舜时期的"中国"和现在的中国并不一样。现在的中国，人所共知是我们祖国的名称，或说是中华人民共和国的简称，而早先的中国却只是地理方位的称谓。

从史学角度追溯，尤其是注目近年的考古成果，可以发现尧舜时期是中国文明的飞跃发展时期。这个时期的特点就是国家雏形的出现。想当初，或说帝尧刚继位的时候，大地上还没有国家，有的只是部落和部落联盟。我们熟知的先祖有炎帝、黄帝，缘此大家习惯以炎黄子孙来说明我们的来历，自然炎黄也就是我们心目中伟大的先祖。炎黄的功业是很大的，据说炎帝是神农氏，是农耕的创始人；据说黄帝是轩辕氏，是打败蚩尤、统一天下的英雄。可是，无论他们的业绩再辉煌，他们所处的时期只是部落林立，只是形成了部落联盟。而历史却给了帝尧一个划时代的机遇，让他用他的行为去擘画国家的雏形。这对帝尧来说是一种偶然，对历史来说却是一种必然。

历史发展到尧舜时期，农耕已经较过去进步了不少，但是，耕作仍然处于无序的草莽阶段，其根本原因是掌握不了天时，掌握不了日月轮回的规律。帝尧功绩多多，但最主要的就是探索天时、制定历法。《尚书·尧典》上有记载，帝尧命令羲氏与和氏谨慎地遵循天数，推算日月星辰运行的规律，制定出了历法，谨慎地把天时节气告诉先民。如前所述，他命令羲仲住在东方的旸谷，观测日出；命令和仲住在西方的昧谷，观测日落；又命令和叔、羲叔住在北方的幽都和南方的交趾，观测太阳向北、向南运行的情况。在掌握了太阳运行规律后，帝尧亲自主持研讨，并得了一年366天的结论，多余的时间用闰月解决。这就是史书上所说的"钦定历法"。

也许在今天看来，历法是平淡的小事，可是，在上古时期这历法的出现却是震惊人寰的大事。历法让先民了解了时光变化的规律，有了年，时间太长，无法指导播种。那就观察月亮，将一年划分为12个月。一个月30天左右，还有点长，仍然无法指导播种，继续缩短时间，这就有了节气。那时节气还没有完善为24个，从陶寺遗址复原的观象台看，虽然只能辨识20个节气，但是与农耕关系最密切的节气都已经掌握。这样播种、耕耘和收获就进入了忙而不乱、有所遵循的时期。这就结束了过去有种无收和广种薄收的落后状态，进入了全新的农耕文明阶段。新阶段给先民带来了新生活，能够吃饱饭，不再为狩猎觅食四处奔波了。或许，这就是最早的安居乐业。当然，帝尧行事非常谨慎，没有一下将节气通告天下，先在自己所在的唐部落试行。试行的结果是粮食丰收，不再为饱腹发愁。为了保护粟谷，又在住地添加了围墙，唐部落演进为唐国。

唐国安居乐业的日子，代表了当时最先进的生产、生活方式，也就成了周边各部落、部落联盟的共同向往。帝尧即"敬授民时"，将节气传播给天下各个部落，唐国的文明之光照亮了天下先民，也照亮了历史进程。于是，各部落、部落联

尧陵国祖殿

盟学习和模仿唐国,"日出而作,日入而息;凿井而饮,耕田而食",同样进入了安居乐业的农耕时代,并且很快像帝尧所在的唐国那样,由部落或部落联盟演进为国家,一时间万国林立,唐国恰好处在"国中之国"的位置,被先民简称为"中国"。

"中国"的称呼就这样出现了。迄今最早出现"中国"的典籍是《孟子》,其中写道:"夫然后之中国,践天子位焉。"继而,司马迁写下"夫而后之中国,践天子位焉,是为帝舜"。

"中国"一个光荣的名称出现了!

行文至此,可能有人会问,刘熙在《释名》中曾写道:"帝王之都曰中,故曰中国。"可见"中国"是个宽泛的概念,并没有具体所指。那么,最初"中国"在尧都,在临汾还能成立吗?能。历史学家苏秉琦先生在《华人·龙的传人·中国人》中写道:"中国"一词最初指的是"晋南"一块地方,即"帝王所都"。帝王所都,在晋南,在平阳,而平阳就是现今的临汾。

而且,十年前考古专家在陶寺遗址观测出了与《周髀算经》记载数字相吻合的"地中",推断出"地中"所在之都即为"中国"。这更坐实了"中国"之说。

自然,最初的"中国"还只是地理格局的称谓,不是现在我们国家的名称。不过,随着岁月递进,"中国"渐行渐近,穿越秦汉隋唐金元明清,终于成为伟大祖国的名称。

外国人看中国未必能探究到历史久远的尧舜时期，所以在英语里，"中国"是"China"。"China"原是英语"瓷器"的意思。可见，英国人认识中国真是有点一叶障目，不见泰山。中国有那么多对人类发展史的杰出贡献，他们没有认识到，却只记住了远涉重洋运到彼岸的瓷器。当然，由此也可以知道，他们对于中国的瓷器是多么喜爱！

中国的瓷器历史悠久，在商周时期原始瓷就出现了，到了东汉晚期形成了瓷器。唐宋时期瓷器精美绝伦，运到了海外，让那些高鼻子蓝眼睛之人刮目相看，连连称赞：OK，China！

China，就这样成了中国的代称。

中国的瓷器曾经闻名于世，以至于在外国人眼里瓷器成了中国的代称。若是追根溯源，瓷器的来历要追溯到陶器。当然，瓷器是瓷器，陶器是陶器，两者的胎体质量完全不同。陶器是用可塑性较强的黏土制胎，瓷器则是用瓷土和瓷石制胎。不过，瓷器却是由陶器演进而来的。古代先民在制作白陶和印纹硬陶时，不断改进原料，提高窑温，改善釉色，进而制造出了瓷器。显而易见，陶器是瓷器的起源。

说到陶器，就和帝尧有了联系。《中国民间诸神》记载的陶神有两位，一位是宁封子，一位是帝尧。帝尧号为陶唐氏，有史书解读说他的部落是个善于制造陶器的部落，这可以从陶寺遗址得到印证。

考古专家在陶寺遗址发现了尧舜时期的大量古墓，墓中发掘出了大量的陪葬器物，其中礼器数量最多的都是陶器，扬名中外的龙盘、土鼓都是陶质的。考古学家惊叹，国家的雏形在这时已经出现，这种判断来自不同墓葬中不同的陪葬品，由此可以区分出人的等级和身份。同时，他们也惊叹这里是一个古老的制陶业中心。

他们把这个中心称为手工业作坊，此区处于城市的南端，用现在的观念审视，可以避免污染。该区可以制造陶器，也可以打造石器。无论是捏制陶器，还是打造石器，绝非混杂在一起，而是各处一地，互不干扰。其中还有一条人工沟渠直通此区，显然是为了用水方便。既然要用水方便，那就要方便打水，不用我们多虑，沟渠边有一个蓄水池。手制陶器用水和泥，随时可以拿个陶罐从池中打水。如此规模宏大、分工合理的手工业作坊，在史前考古发现中实属罕见，难怪"国徽"这样的精美龙盘会在墓葬中出土问世。

这让我们想到了"陶寺"这个名称的由来。"陶"和"寺"

联系起来，似乎有点佛教寺院的意味。其实，这种认识是不到位的。寺，早先不是佛教的名词，而是官方的管理机构。到了汉明帝刘庄引佛回来时，因为是在鸿胪寺接待的佛师，并且将经卷置放于其中供官员诵经礼佛，所以，盖成专门做佛事的殿堂后，就将佛门也并列于官方管理机构，称为寺。由于白马千辛万苦驮回佛经，便以"白马寺"为名。足见，在东汉前寺一直是官方管理机构；足见，陶寺原先是帝尧时期管理制陶业的机构。

从这里我们可以眺望到尧舜时期，制陶业已很盛行，说不定帝尧还是一位精通制陶的能手，也是一位擅长管理制陶业的高手，因而人们才会将他和陶联系在一起，也才有了陶唐氏之称，才有了陶神之尊。

如此由瓷到陶，步步追寻，既追溯到中国之根，又追溯到外国人眼中的中国之根。临汾是陶器的摇篮，也是瓷器的摇篮，当然也就是China这名称的最初摇篮。

皋陶创设刑法

帝尧能够成为中华儿女敬仰的文明始祖，固然在于他"聪明文思""允恭克让"，自己有修养，有作为，还在于他善于发现人才、任用人才，将别人的智慧变成自己的智慧，将别人的才能变成自己的才能。广运殿里正中神龛上供奉的是帝尧，下边两侧配享的是有杰出贡献的四位大臣：有德高望重的四岳，有主管天文的羲和，有教民稼穑的后稷，还有创设刑法的皋陶。四岳在设立华表时已经提到，羲和在制定历法时重点讲到，后稷后面专节来讲，这里先说皋陶。

皋陶是帝尧时期的法官，也是我国最早的法官。据说，他是现今临汾市洪洞县人。洪洞县西南有个士师村，村里人说此村原名"皋陶村"。据说皋陶就出生在这里，死后又归葬在故乡，40年前村南还有皋陶的坟墓。

一说法官就让人想到那个严厉的面孔，古往今来给皋陶塑像的人都是这种心理，所以至今广运殿里的皋陶像也是横眉立目、一副怒容。这是错误地理解了那时的法律，也亏待了皋陶。

帝尧时快要进入奴隶社会了，属于原始社会的末期。从陶寺遗址和下靳遗址出土的文物看，阶级分化已经很明显，大墓里是很富的贵族，有很多陪葬品；小墓里是底层奴隶，不仅没有陪葬品，有的还缺胳膊少腿，甚至少了脑袋。也就是说，那时候富裕的贵族可以随意砍杀底层的穷苦百姓。皋陶按照帝尧的意图设立法律，正是要限制贵族的肆意妄为，保护先民的人身安全。这正体现了帝尧仁者爱人的民本思想。

后世对那时的法律有个说法叫"画地为牢"，即在地上画一个圈，让有过错的人在里头反省，这个圈子就是原始的牢房。或许，画地为牢就是皋陶的首创。这样的法律实在是太轻了，可如此惩罚，帝尧看见了还自责地说："是我没有将他们教化好！"

如果说"画地为牢"带有传说意味，那各种典籍中记载的象刑就不能不当真了。象刑说白了就是象征性的刑罚。为什么要使用象刑？是因为原先有酷刑：割鼻、剁足、宫刑，甚至杀头。《尚书·吕刑》记载："蚩尤惟始作乱，延及于平民，罔不寇贼，鸱义奸宄，夺攘矫虔。苗民弗用灵，制以刑，惟作五虐之刑，曰法。"大致意思是，蚩尤开始作乱，扩大到平民百姓。无不寇掠贼客，轻率不正，内外作乱，强取诈骗。苗民不遵守命令，就用刑罚来制服，制定了五种酷刑作为法律。皋陶是如何改变这些酷刑的呢？吴国桢先生在《中国的传统》一书中这么解释："五刑允许在法律上保留，犯人要按照他的罪行受到判处，但判处将以另外的方式实行，而不是肉体上的惩罚。那些必须在脑门烙印的，就让他们头戴一条黑带子；那些必须割掉鼻子的，就用带红色的泥浆涂满他们的衣服；那些必须处以断足的，就用墨水把那些犯人的一只脚全涂黑；那些必须阉割的，就用不相配的鞋子穿在他们的脚上；而那些必须斩首的，就要他们穿一件粗劣的没衣领的短上衣。"皋陶设立的这些刑罚确实是宽大得不能再宽大了。

这样的刑罚能管住人吗？当然能。要管住人，关键不在于刑罚严酷，而在于教化管束，让犯罪的人有羞耻感。一个人有了羞耻感，才能主动要求自己不去做危害别人的事情；众人都有了羞耻感，社会才能太平安宁。所以，象刑的作用就是让人们明白这些人违反了法律，千万不要学他们的样子。这既惩治了犯罪的人，也警醒了其他人。

看来皋陶制定的法律里既包含了法治，也包含了德治，是把法治管束与德治教育和谐地融在一起了。

民间还有种说法，说皋陶是神判，他依靠獬羊断案，一断一个准。獬羊是一种独角羊，据说来自洪洞羊獬村。羊獬村原

尧陵大门

名周府村。村里有户人家的羊下了一只奇怪的羊
羔。别的羊有两只角，这羊羔只有一只角，众人
很鄙视它。哪知这羊长大后，居然能够辨别是非，
村里谁家有纠纷，不用招呼，它便快速跑去，用那
一只角顶撞无理取闹者。村人把这独角羊叫作獬
羊。久而久之，谁也不敢胡搅蛮缠，村里和睦温
煦，獬羊也就没用了。这时村人忽然想起了皋陶，
他担任法官，让獬羊帮他断案岂不是能够发挥更大
的作用？于是，众人将獬羊送到了帝尧宫中。

果然，獬羊不仅能明辨是非，还能识别忠奸。若有疑案，皋陶便牵出獬羊，獬羊则会用那只独角直抵奸佞歹徒。因此，皋陶断案十分公正，毫无差错。这是传说，也是世人对公平执法的一种向往。《论衡·是应篇》对此却有记载："觟𧣾者，一角之羊也，性知有罪，皋陶治狱，其罪疑者，令羊触之。有罪则触，无罪则不触。……故皋陶敬羊，起坐事之。"

觟𧣾即獬豸、獬羊。可见传说的力量确实不可小觑。传说能够形成习惯，习惯是一种思维定式，思维定式是无形的力量。这无形的力量却可以创造有形的物质。元代重修的平阳府尧庙，其中就建有一座獬豸亭，当然是纪念皋陶那位助手神羊的。过去《法治日报》副刊的名称便是"独角兽"，就是以这只神羊为公正执法的象征。

说到这里，就让人想起"法律"的"法"字。"法"字的繁体字为"灋"，水部右边是由"廌"字与"去"字组成的。《说文解字》解释："灋，刑也。平之如水，从水。所以触不直者去之，从去。"从字源上看，这个字包含了两层意思，一是均平，二是正直。这就是法字的本义：公平。水，表示的是均平；而另半边表示的是正直。对于这种正直，《说文解字》还有说明："廌，兽也，似山牛，一角，古者决讼令触不直。"

说来说去，"法"字还是离不开獬羊。而且，法官戴的帽子就称獬豸冠。皋陶和帮他断案的神羊影响何等深远啊！

垂拱而治教万民

谈到皋陶设立象刑，很多人不解，那种虚刑竟然能治理天下？这种担心不无道理，但是忽略了一个重要方面，就是帝尧不单纯依赖法制，还重视道德教化。如何教化？《易·系辞》的说法可以回答，即："黄帝、尧、舜垂衣裳而天下治。"《尚书·武成》精练了这种说法，提出"垂拱而治"。也就是说，衣服下垂，拱手胸前，不费气力就能安定天下。虽然垂拱而治不是帝尧开创，可是他和虞舜传承延续了这种道德教化。

垂拱而治包含两个层次。第一个层次是垂衣裳而治。可能有人会问：垂衣裳就能有治世的作用吗？我们需要探究一下这垂衣的内在意义。有人研究过"衣"字，说下面本是北字，等于说最先穿衣服的是北方人，是尧治理下的中原民众。这固然是因为北方天寒，需要穿衣，还因为帝尧告诫大家不要赤身裸体，要懂得羞耻。所以，穿衣蔽体是人类走向文明的外在表现。也可以说，从帝尧到虞舜，都在精心办理一件事：让人们懂得羞耻。

千万不要小看了羞耻，中国传统道德十分看重人的羞恶感。《孟子·公孙丑上》记载："无羞恶之心，非人也。"所以，先前有句骂人的话："王八。"王八是乌龟的俗称，乌龟是长寿的，怎么叫人"王八"是骂人呢？其实，这里的"王八"不是乌龟，而是"忘八"。忘八是什么意思？古代做人必须奉行八个字：忠、信、孝、悌、礼、义、廉、耻。耻，就是羞耻。忘八，也就是忘了这八个字，尤其是"耻"字。等于说，此人不知道羞耻，这岂不是最深刻的责骂吗？

回味当时的象刑，无非是两种作用：一是惩罚犯人，让他们明白错误，弃旧图新；二是告诫世人，千万不要误入犯罪的歧途，要以他们为鉴。这正如《荀子·议兵》所说"古者帝尧之治天下也，盖杀一人，刑二人，而天下治"。杀一是为了儆百，刑二也是为了儆百。换言之，杀是为了不杀，刑是为了不刑。这刑罚是建立在道德教化基础上的，所以，画地为牢般的象刑才可行之有效，才不会形同虚设。

第二个层次是拱。拱是拱手胸前，揖礼敬拜，也就是对人有礼貌。如果说垂衣是知羞耻，是人道德水平的低层次，那么，拱手揖礼则高了一个层次，即对人有礼貌，行为更符合社会规范。一个知耻明礼的人，怎么会犯罪呢？既然如此，社会必然安宁，天下不就非用刑也可治理好了吗？实施教化当然不会这么简单，要有人具体推行落实。

两千年后，孟子仰望星空，思接尧舜，奋笔写下："人之有道也，饱食暖衣，逸居而无教，则近于禽兽。圣人有忧之，使契为司徒，教以人伦：父子有亲，君臣有义，夫妇有别，长幼有序，朋友有信。"人若吃饱穿暖，不受教育，就和禽兽没有两样。帝尧为此而担忧，因而任命他的另一位异母兄弟、商人的先祖契担任司徒，教人懂得人伦。人伦，就这样出现在尧舜时期。人伦包含什么内容？即孟子所说的"父子有亲，君臣有义，夫妇有别，长幼有序，朋友有信"。这五个方面的人伦涵盖了中华美德、家国情怀。

这人伦，被称为"五典"，帝尧让虞舜"慎徽五典，五典克从"。

这人伦，被称为五教，虞舜让契"汝作司徒，敬敷五教"。

这人伦，被称为五常，简言之：即父义、母慈、子孝、兄友、弟恭。这五常充满仁爱，犹如

煌煌尧庙

广运殿背景

102

江河源头，从尧舜时期喷涌而出，由涓涓潺潺到滔滔汩汩，滋润了一代又一代中华儿女的心田。

无数次远逝，无数次复现，无数次刷新的时光总带着"父义、母慈、子孝、兄友、弟恭"的仁爱温馨，这温馨熏陶出在人类居住的这个星球上唯一文明不断代的国家——中国。

只是，每当回味这种文明，多数国人总将根脉维系在孔子、孟子身上，再宽泛些，也不过与呼唤兼爱的墨子相连起来。其实，走进上古文明的源头，无论谁也会发出无尧舜何谈孔孟的感叹！

是的，无尧舜何谈孔孟，难怪孔孟言必称尧舜。

敲击至此，再阅读《尚书·尧典》的开头那段总括评价帝尧的文章，顿时心领神会。想当初《尚书》的作者，没有动笔很可能已经心潮澎湃，他激动地写下："帝尧曰放勋，钦、明、文、思、安安，允恭克让，光被四表，格于上下。克明俊德，以亲九族。九族既睦，平章百姓。百姓昭明，协和万邦。黎民于变时雍。"作者为何激动？是因为帝尧"允恭克让，光被四表"，用他的思想光芒照亮了四方。为何他的思想能照亮四方？因为帝尧"以亲九族","平章百姓","协和万邦"。而且,他干一事成一事,"以亲九族",九族和睦;"平章百姓",百姓和顺;"协和万邦",万邦和好。天下黎民都变得彬彬有礼,社会自然前所未有地和谐美好。

社会为何会和谐美好?就是推行了五教、五典,或说"五常"。这规范了个人行为,规范了家庭秩序,规范了社会秩序和部族、邦国秩序,形成了上古时期政治、经济、文化的拙朴管理制度,逐渐完善为千年传承的治世方略。

社会为何会和谐美好?因为帝尧不仅解决了生存的第一难题吃饱肚子,还重视社会和谐的治世举措、道德教化。《淮南子·修务训》写道:"尧立孝慈仁爱,使民如子弟。西教沃民,东至黑齿,北抚幽都,南道交趾。"你看帝尧教育的范围有多大?西到沃民之地,东至黑齿之国,北面到了幽都,南面到了今日的越南。

这才是后世子孙仰望尧天舜日的根本原因。

大禹殿里话治水

观瞻广运殿，我们看到了配享的四位大臣。配享的大臣当然要功绩卓著，可是怎么不见比这四位贡献还大的虞舜和大禹呢？不用纳闷，虞舜和大禹还有专门的大殿供奉。虞舜的作为随后再讲，这里先说大禹。

大禹治水，是一件家喻户晓的历史大事。知道大禹治水的人很多，可是知道这次治水的指挥中心在尧都平阳的人就很少，尤其是知道帝尧是这次抗洪总指挥的人就更少。用时下的话说，这次治水大禹是实施者，是前线统帅，他能走上前线统帅的领导岗位，本身就在于帝尧的英明决策。

帝尧时期，中华大地经历了一次空前绝后的特大洪水。《尚书·尧典》上明确记载："汤汤洪水方割，荡荡怀山襄陵，浩浩滔天，下民其咨。"意思是，洪水浩荡，波浪滔天，环绕着高山，吞没了丘陵，分割了整个大地，子民受到很大的危害。《孟子》中记载得更详细："当尧之时，水逆行，泛滥于中国，蛇龙居之，民无所定，下者为巢，上者为营窟。"孟子说，尧那个时候，洪水倒流，到处泛滥，蛇虫窜进人们的住处，危害苍生。众人扶老携幼，到处漂泊，地上无法居住，有的爬上山去找洞窟藏身，有的就在树上搭柴做巢。田地全被淹没，五谷尽被冲走，草木却长得极为茂盛，飞禽走兽也繁殖得很快。高地在减少，后来竟发展到禽兽和人争抢地盘的地步。人们一边忍饥受冻，一边和野兽搏斗。许多人不是死于禽兽口中，就是死于饥寒之中。人，一天天减少，洪水却仍然肆虐。

危急关头，治理洪水成为帝尧的头等大事。但是，平息这场洪水又不是件容易的事情，综合各种史书提供的数据，至少用了22年的时间。首先担任头领，带领先民治水的是大禹的父亲鲧。可是，他治水9年，不但没有成功，反而堵得洪水越来越大了。临汾市的东边有个浮山县，据说就是因为那次洪水而得名的。洪水越堵越大，四处漫溢，连都城平阳也快被淹没了。帝尧带着身边大臣和附近先民连忙向高处撤退，撤着撤着，就到了东面的山上。四处一片汪洋，唯有这儿还露个山头，就像是浮在水面，因而，众人称之为"浮山"。站在山顶环视，恐怕就是《尚书·尧典》上描写的那种样子："汤汤洪水方割，荡荡怀山襄陵，浩浩滔天。"

鲧治水治到这个地步，下一步该用谁为好呢？按照《史记》的说法，是代为摄政的虞舜举荐了大禹。其实，这时候还不能称大禹，大禹是他的庙号，他的名字是文命，文命是鲧的儿子。鲧治水惨败，怎么能轻易任用他的儿子呢？大臣们有这种想法是正常的，但是这正常的思维却是文命走向治水领导岗位的阻力。文命最终成为大禹，那就说明帝尧知人善任，认准了他的能力，并且说服了大臣。这样，文命才能成为治理洪水的主帅，成为名垂千古的大禹。

我们在此就以大禹相称吧！大禹治水成功了，他为什么能将波浪滔天、肆虐苍生的洪水驯服呢？翻阅各种文献史料，原因有三，即思想对路、方法对头、作风过硬。

先说思想对路。如前所述，大禹的父亲鲧治水采取的是堆土筑坝的办法，结果越堵水越大，弄得洪水横流。大禹上任后，则反其道而行之。他继承了父亲未竟的事业，却没有固守父亲的思路，而是另辟蹊径。对此，《孟子》有过很高的评价："当尧之时，水逆行，泛滥于中国，蛇龙居之，民无所定，下者为巢，上者为营窟。《书》

曰：泽水警余。泽水者，洪水也。使禹治之，禹掘地而注之海，驱蛇龙而放之菹（jù）；水由地中行，江淮河汉是也。险阻既远，鸟兽之害人者消，然后人得平土而居之。"

孟子明确告诉人们，大禹治水是全新的思路。他将洪水"掘地而注之海"，是在挖渠放水。地上有长江、淮河、黄河以及汉江；他"驱龙蛇而放之菹"，是将猛兽赶到沼泽里去了，不再伤人。人们又去平川安居乐业了。将孟子这种评价概括起来，就是两个字：疏导。治水患是疏导，疏川导滞的全新思路给了

尧庙大禹殿

大禹全新的成就。

再说方法对头。这里的方法是指方法步骤，或者说大禹治水从哪里入手。从有关史料看，大禹治水是从壶口瀑布起步的。尧都平阳之所以被洪水淹没，原因是黄河古道壅塞，积水成泽，大水越过吕梁山谷，流入汾河谷地。紧邻汾河的平阳城，正好处在谷地当中，自然无法幸免。大禹治水首先盯住了黄河，盯住了壅塞河道的咽喉。壅塞在河道壶口顶上的全是石头，如何能打开一个缺口？上古时期技术落后，又没有像样的工具，要凿石开河确实是个难题。破解难题的办法，是大禹采用了先进技术，当然，这先进技术也是就当时而言的。据壶口周边的人们传说，大禹让众人砍来木柴，点火焚烧，烧热之后，又用冷水猛浇，这样岩石就会炸裂，顺着缝隙撬动石头就容易多了。这实际是热胀冷缩的原理，也算是方法对头吧！如此凿开壶口，水流一泻而下，所以现在去壶口看到的不再是壶口，而是大禹带领先民开凿的河槽入水口。

继而，大禹与大家劈开孟门、石门、龙门，黄河顺流而下，解除了都城之困。接着，他一条

条河道治下去，让长江、淮河和汉江等河流各有水路，通畅地汇入大海。

然后说作风对位。开山搬石、挖土成河，本身是件苦差事。那时候又少有像样的工具，要干好也就更辛苦。在这样的关头，如果领导不深入一线，不带头去干，群众就会退缩不前。因此，大禹自始至终都冲锋在治水的前沿阵地。最为典型的事迹是"三过家门而不入"。接到治水的命令，是大禹新婚第四天，他什么也没有说，就出发了。这一去就是13年。离家快一年的时候，他路过家门口。那是个早晨，从屋里传来了婴儿的啼哭声。他知道自己的儿子出生了，高兴极了，真想进屋看看这个心爱的小宝宝。可是，洪水咆哮，四处泛滥，治水正在紧要关头，他不敢怠慢，连忙朝前赶去。5年后，大禹第二次路过家门，远远看见妻子站在门口，他想跑过去说几句话。可是，前方工程遇到了难题，好多人正等着他前去解决，他不敢耽搁，大步走过家门。第三次路过家门，那是10年以后了。他看见门口站着个孩子，路人说是他的儿子，他亲热地把孩子抱在怀里，真想多抱抱这日思夜想的小宝贝，可是，治水已到最后关头，他不敢有半点懈怠，只好放下儿子毅然离去。这个故事从古代一直流传到今天，无人不敬仰大禹一心奉献的敬业精神。

千百年来，大禹已成为众人效仿的楷模。自古以来，人们常夸他劳苦功高、公而忘私。《韩非子》赞扬他："身执耒（lěi）

锸（chā），以为民先，股无胈，胫不生毛，虽臣
虏之劳，不苦于此矣。"耒锸是掘土用的工具。股
是大腿，胫是小腿。这是说大禹手拿工具，干在
众人的前头，腿上摩擦得连汗毛也长不出来，即
使被俘虏的奴隶也不过这么劳苦罢了。试想，一
位号令天下治水的首领都这么卖力，别人还有什
么苦不能吃？这正应了后来众人的一句话，领导
带了头，群众有劲头。人心齐，泰山移。就这样，
在大禹的率领下，众志成城，艰苦奋斗，终于治
水成功。

　　大禹的事迹一直被人们传颂着，他被供进尧
庙，奉为消灾免难的水官。

下篇

巍巍帝尧肇文明

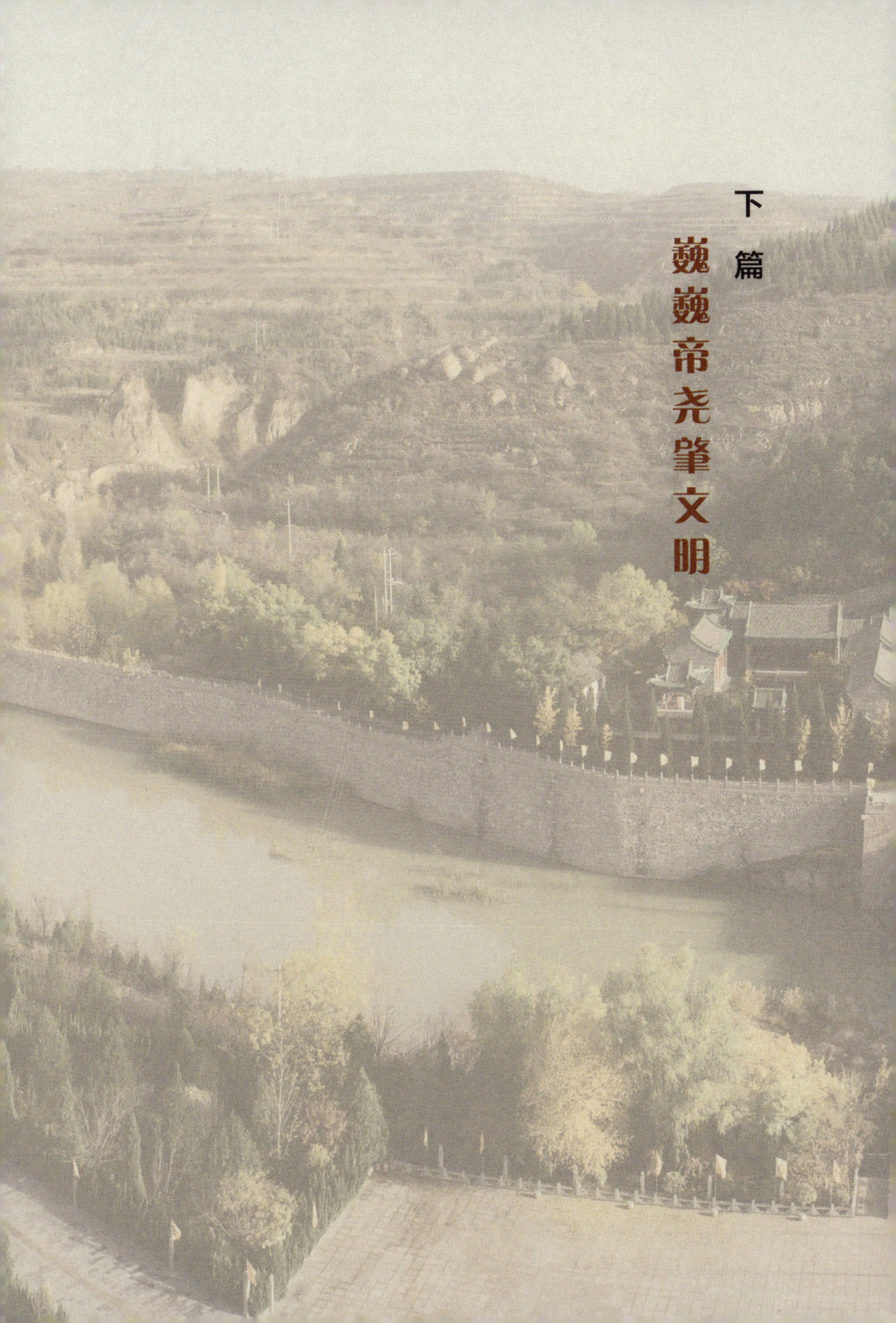

尧天舜日，光被四表；巍巍帝尧，民无能名。

帝尧时期，是飞速跨越的时期，是光前裕后的时期。如前所述，多难兴邦。摆在帝尧面前的无数困难，他带领先民一个个破解了。何止是破解，每一次破解都是一次跨越。破解吃不饱肚子的难题，催生了早期的国家；破解大旱的难题，开启了城市文明；破解洪水泛滥的难题，形成了九州治理的行政格局……

国家雏形的生成，衍生出拙朴的文化、古老的文明。追本溯源，教民稼穑、天下为公、小康人家、天下孝道、洞房花烛、围棋教子、米库办校，这些都在帝尧时期衍生的。

这还没有如数列出，还有哪些？你若有兴趣，就往下阅读吧！

天下为公第一人

人类社会的发轫是群聚，群聚的实质是族聚，族聚的实质是家族式结构，说穿了就是家天下。

与家天下对应的是公天下，公天下起始于何时？

回答是，帝尧时期。

帝尧继承的位置是兄长帝挚的，帝挚继承的位置是父王帝喾的，帝喾继承的位置是父王颛顼的……由此上溯，帝位也罢，王位也罢，都是在血亲中传续。自帝尧开始，将帝位禅让给了非血亲的虞舜，虞舜又把帝位禅让给了非血亲的大禹。

家天下被打破了，公天下开启了！

何止是晚年禅让，如果要给帝尧做个评价，简要地说，他是毕生奉公。说完整些，他毕生都在践行天下为公的主张。

"天下为公"一词，战国前后才出现在典籍之中。《礼记·礼运》对社会形态有两种划分，即大同社会与小康社会，并明确指出，大同社会是"天下为公，选贤与能"的原始公有制社会；小康社会是"天下为家，各亲其亲"的私有制社会。长期以来，以儒家为主体的传统文化均认可这种说法，并将尧舜时期认定为"大道之行"的大同时期。

对于"天下为公"的大同社会，《礼记·礼运》中这样陈述：

> 大道之行，天下为公，选贤与能，讲信修睦。故人不独亲其亲，不独子其子。使老有所终，壮有所用，幼有所长，矜、寡、孤、独、废疾者，皆有所养。男有分，女有归。货恶其弃于地也，不必藏于己；力恶其不出于身也，不必为己。是故谋闭而不兴，盗窃乱贼而不作，故外户而不闭。是谓大同。

这种陈述不像是对客观社会的描绘，倒像是主观想象的呈现。我这么说，丝毫没有诋毁帝尧的意思，但是，真能把社会治理到这种程度，恐怕是极难的。或许正由于难度大，人们才将美好的理想寄托在仁爱聪慧的帝尧身上，让他成为天下为公的领袖典范。

之所以存在这样的看法，是因为典籍史料和考古发现之间存在着不小的距离，我们不妨走进陶寺遗址，去看看当时的社会形态。

这一时期私有制已经出现，个体间拥有的财物差别很大。在陶寺遗址发掘的墓葬中可以看出其中的明显差别。小型墓仅能容下一具尸体，一般无木棺，个别墓穴内仅以植物茎秆编成的苇箔卷尸埋葬，随葬品要么没有，要么也就一两件；中型墓大都使用木棺，随葬品有成组的陶器和玉（石）钺、琮、瑗、头饰、佩饰，以及少量彩绘木器；大墓可就非同寻常了，例如M3015、M3016，不仅使用木棺，棺内撒一层朱砂，而且随葬品多达一两百件，其中有成套的石斧、石锛、石镞，有玉（石）钺、瑗等，有龙盘、鼍鼓、特磬、彩绘木案、俎、匣、豆、"仓形器"和彩绘陶器，甚至还有完整的猪骨架。

墓葬的大小，随葬品的多少，无不反映出私有制的长足发展，贫富分化日益严重。特别应该指出的是，在大型墓的两侧往往分布有同时期的中型墓。大型墓的墓主无一例外都是男性，而分布在大型墓两侧的中型墓则女性居多。如M2001两侧的中型墓，死者分别为25岁和33至40岁的女性，从布局判断，应为大型墓主人的妻、妾。这更加表明伴随着私有制的到来，父权具有了在家庭中支配一切的地位，家族长权势更大。诚如李民先生在考古研究文章《尧舜时代与陶寺遗址》中所写，家族长可以"支配妻子、子女和一定数量的奴隶，并且对他们握有生杀之权。可见，在这个阶段上，氏族制度下原有的那种平等相处的原则，已渐趋泯灭"。他还谈到私有制的发展导致战争频仍，使得部落头领更为显贵。他列举了陶寺遗址出土的鼍鼓、特磬等大型礼器，并根据古代文献指出，鼍鼓常常为帝王或诸侯所专用，可见，这个时期的贫富悬殊，早不是所谓的天下为公了。

考古发现与史料记载，正好反映了帝尧时期令人纠结的社会现象。帝尧钦定历法，有力推进了农耕，衣食不愁并有剩余，这是何等令人欣慰的事情。可就是这欣慰背后，悄悄滋生了头领占有物质的过度欲望。为何进步总是和堕落胶合在一起？这种现象不要说帝尧，即使现今我们也无法说清。为此，帝尧可能会忧愁，会焦虑，无时无刻不在谋划怎么解决贫富悬殊的问题，还社会以公平。可即使殚精竭虑，仍然无法逆转潮流，只能说他为公天下而劳碌奔波了一生，维护了社会的相对安宁。古人云，取其上得其中。帝尧向天下为公的目标而奋斗，虽然没有收获到大同社会，却也得到了小康社会。查阅史料可以看出，帝尧为之奋斗有三个特点。

首言不贪财富。这是史家公认的帝尧的高贵品质。作为帝王，即使那时物质还不发达，但是该他享用的物品也应比凡人要多、要好。他却没有这样做，而是带头节衣缩食。典籍中记载他这种品质的细节很多，庄子曾经写下"华封三祝"：

　　尧观乎华。华封人曰："嘻！圣人，请祝圣人，使圣人寿。"尧曰："辞！""使圣人富。"尧曰："辞。""使圣人多男子。"尧曰："辞。"封人曰："寿富多男子，人之所欲也，女独不欲，何邪？"尧曰："多男子则多惧，富则多事，寿则多辱。是三者非所以养德也，故辞。"

　　这个记载在民间广为流传。帝尧巡访到华山脚下，地方头领祝尧多寿，尧说不必；祝尧多富贵，尧也说不必；祝尧多儿子，尧还说不必。华封头领奇怪地说："多寿、多富、多儿子，这是众人求之不得的事，你为什么不乐意接受呢？"帝尧回答道："多儿子要多操他们的心，怕他们有不轨之举，扰害众生；多富贵就会玩物丧志，遭到许多麻烦；多寿，如果到了晚年不能自食其力，还要拖累他人，何苦呢？这三方面的事，都是妨碍道德修养的，因此，我坚决不要。"帝尧的精神境界是何等之高尚啊！那么，帝尧是如何践行的呢？我们继续去典籍中寻找。

不仅道家的继承人庄子赞美帝尧，法家的代表人物韩非子同样赞美帝尧。庄子书写的是帝尧的思想见解，韩非子侧重的是帝尧的行为。《韩非子·五蠹》记载："尧之王天下也，茅茨不剪，采椽不斫，粝粢之食，藜藿之羹，冬日麑裘，夏日葛衣。"意思是，帝尧治理天下时，房顶上的茅草不修剪，有枝杈的椽子不砍削，吃的是粗米饭，喝的是野菜汤，冬天披张小鹿的皮御寒，夏天穿件葛麻衣裳即可。俭朴至极！这就是韩非子对帝尧居所和衣食的笔墨再现。

世上有心人很多，不只会谋事，还会做事，做事独辟蹊径，绝不拾人牙慧。清代学者吴乘权也在赞美帝尧，却完全不同于庄子和韩非子。他在《纲鉴易知录》中写道："饭于土簋，饮于土铏，金银珠玉不饰，锦绣文绮不展，奇怪异物不视，玩好之器不宝，淫泆之乐不听，宫垣室屋不垩色，布衣掩形，鹿裘御寒，履不敝尽不更为也。"这是说，帝尧饮食都用陶器，一切装饰品都不要，一切华贵的物品都不用，一切奇珍异宝都不看，一切好玩的宝物都不拿，一切淫靡的音乐都不听，房屋宫墙不涂漆，都是原物的本色。他穿戴的是布衣鹿皮，鞋子不穿破，决不更换。依然是复原帝尧的节俭朴素，吴乘权先生展现的细节别开生面。

　　淮南子刘安不仅写照帝尧的行为，而且赞颂帝尧的美德。从《淮南子·主术训》可以看到："尧乃身服节俭之行，而明相爱之仁，以和辑之。是故茅茨不剪，采椽不斫，大路不画，越席不缘，大羹不和，粢食不毇。"帝尧节俭克己，茅屋的苫盖不修剪，大车的素木不彩画，炕席的边沿不修饰，菜汤不加作料，粗粮不细制作。他和百姓的生活没有很大的差别，这是行为的写照。"尧之有天下也，非贪万民之富而安人主之位也。以为百

尧典壁

121

姓力征，强凌弱、众暴寡"，这是评价尧帝执掌天下，不贪图个人的富贵，而是为了百姓的利益，抑强扶弱，止众欺寡，施行仁爱，和谐治世。有关帝尧一心为民、不图享受的典籍记载很多，窥斑视豹，不再辑录。

次言不纵欲望。大凡帝王，位尊至上，无人可以左右，便放纵个性、任意而为。骄奢淫逸、飞扬跋扈者也不鲜见。从史料文献看，帝尧没有这样的坏脾气、坏性格，应该说他很讲究自身修养，基本做到了自律、自谦、自省。

所谓自律，"日谨一日"的《尧戒》就是他高尚行为的内心写照。据说，帝尧治理天下五十年后，微服私访，在街巷里听见儿童吟唱《康衢谣》："立我烝民，莫匪尔极。不识不知，顺帝之则。"立，为粒，粮食的意思；烝民，众民，很多人的意思；尔极，帝尧的功德高到了极点；帝之则，帝尧确立的规则。这显然是说，让天下民众都有饭吃，莫不是帝尧的功德。什么不知道都行，只要知道按照帝尧确定的规则办事就能成功。以此歌颂帝尧无可非议，他钦定历法，敬授民时，开凿水井，设立华表，确实给先民创造了最佳的生活环境。但是，帝尧并没有因为众生交口赞誉就得意忘形，而是更加谨慎。《尧戒》写道："战战栗栗，日谨一日。人莫踬于山，而踬于垤。"意思是，别看我是统领天下的大王，仍然每日战战兢兢，如履薄冰。人不会在大山上跌倒，却会在小土堆前栽跟头。这堪称中国最早的座右铭。

所谓自谦，管子写道："尧有衢室之问者，下听于人也。"是说帝尧善于听取别人的意见，尤其是不耻下问。《吕氏春秋·五慎大览本纪》还有更详细的记载："尧不以帝见善绻，北面而问焉。尧，天子也；善绻，布衣也。何故礼之若此其甚也？善绻，得道之士也，得道之人，不可骄也。尧论其德行达智而弗若，故北面而问焉，此之谓至公，非至公，其孰能礼贤？"这是讲，帝尧去见贤人善绻，不以帝王的身份出现，而是跑到他那里去请教。帝尧是天子，善绻是布衣，为何用这么大的礼节？那是因为善绻是德高望重的贤士，对这样的人绝不可骄傲轻慢。帝尧自以为其道德、才能均不如善绻，所以前去拜问。这也是一心为公的表现，若不是出于公心，哪能这么礼贤下士？

所谓自省，就是事过之后能够反省自问，检讨自身的不足。《新书·修政语》记载：

　　帝尧曰："吾存心于先古，加意于穷民，痛万姓之罹罪，忧众生之不遂也，故一民或饥，曰：'此我饥之也！'一民或寒，曰：'此我寒之也!'一民有罪,曰:'此我陷之也!'"

帝尧胸怀天下,心系万民,把百姓的痛苦忧虑挂在心上。见了一个人饥饿,自责这是我让他饥饿啊!见了一个人寒冷,自责这是我让他寒冷啊!见了一个人犯罪,自责这是我没有教化好呀!用这样的精神律己、待人、处世,天下怎么会不和谐呢?

特别是禅让帝位,更是见出帝尧的高风亮节。为何传贤不传了?《史记·五帝本纪》中引用帝尧的话回答:"终不以天下之病而利一人。"禅位于舜是帝尧权衡了利弊才做出的选择。若是将帝位传授给舜,那么天下人得利而丹朱一人不满意;若是将帝位传给丹朱,那么丹朱得利而天下人受害。所以,总不能让天下人受害而让一人得利吧!

"终不以天下之病而利一人",这真是天下为公的肺腑之言!

或许,天下为公这声浩叹是司马迁发出的,或许这些事情多是前人想象的。但是,随着历史的发展,帝尧的形象越来越丰满,早已成为克己奉公的典型,成为中华民族的道德典范。

访贤禅让第一次

中国帝王的禅让从何时开始？从尧舜时期开始，帝尧就是实行禅让的第一人，他让位于舜堪称中国最早的禅让。

说清帝尧禅让，需要从访贤开始；说清帝尧访贤，要从历山开始。

曾经有人问我，你最喜欢的山是哪一座？我的回答完全出乎他的预料：历山。

那为什么不回答巍峨的泰山、险峻的华山、秀丽的峨眉山、瑰奇的黄山，而要独钟历山？是价值观念不同。我追求的不是视觉标高，而是人文标高、精神标高。

全国历山有多少？二十多座，有可能还多，多到屈指难数。在我的视野里，神州大地上尧山就已经够多了，不过，尧山也多不过历山。尧山记录的是帝尧的踪迹，历山铭刻的却是尧、舜两位伟人相逢相识进而相知的往事。

在国人的精神世界里，历山应该是一尊耸立了数千年的丰碑，这尊丰碑有着丰富的文化内涵。

历山是虞舜离开家乡、垦荒种田的地方。为何虞舜不在家乡耕种，要上历山垦荒？说起来与虞舜辛酸的身世有关。他出生没几年，亲娘就病死了，没多久父亲瞽瞍便续了弦。虞舜对待继母像亲娘一样听话，一样孝顺。可继母心眼窄，把他当成眼中钉、肉中刺，整天指派他干重活，一不如意就打骂。尤其是有了亲生儿子象，继母对虞舜更差了，受气挨骂成了家常便饭。父亲瞽瞍眼睛看不见，继母经常唠叨虞舜这不对，那不对。唠叨多了，父亲对虞舜有了偏见，打骂他的成了两个人。虞舜忍气吞声，仍像从前一样孝顺父母、善待弟弟。可是，父亲还是找个毛病，大骂虞舜是个祸害，把他赶出了家门。

虞舜流着泪离开家，来到历山，搭了个草棚，孤身一人过上了垦荒耕种的日子。看看身边家家热热乎乎耕种的地邻，想想自个儿有家不能回，虞舜常常放悲大哭。《尚书》没有在《舜典》记载这事，却在《大禹谟》中写道："帝初于历山，往于田，日号泣于旻天。"他每日放悲大哭，却并不指责父母，这便是"于父母，负罪引慝（tè）"。

虞舜历山耕种就这么开始了，田陌里首先撒下的是他忍辱负重的品格。虞舜的美德不只是忍辱负重，随着栖身耕种，他的仁爱之心、聪慧之举渐渐显露，也就不止一次进入古籍。自战国时期的《墨子》《孟子》《荀子》《韩非子》，到西汉时期的《史记》《淮南子》，都有过关于舜耕历山的记载，而且记载的内容层层递进。《墨子·尚贤》等篇中出现的是"昔者舜耕于历山"，仅仅点明耕种而已。《韩非子·说难一》将之往前演进了一步："历山之农者侵畔，舜往耕焉，期年，甽亩正。"虞舜不仅自己耕田，还带动改观了田间面貌。"甽亩正"，如何正？刘向在《新序·杂事》写得更为清楚："历山之耕者让畔。"

原来，虞舜不仅在历山耕种，还帮助平民调解土地纠纷，和谐了地邻之间的关系。到了《吕氏春秋·慎人》中，虞舜的德行又进了一层："舜耕于历山，陶于河滨，钓于雷泽，天下说之，秀士从之。"此处有了德化万民、天下归心的意思，以至典籍中才有煌煌业绩："舜一徙成邑，再徙成都，三徙成国。"《史记·五帝本纪》的记载大同小异："一年成聚，二年成邑，三年成都。"

这业绩真够显赫，王仲孚先生解释道：所谓成"聚"、成"邑"、成"都"、成"国"，无非是因农业进步、粮食充足、人口增加，聚落逐渐成长扩大。毫无疑问，虞舜由一名垦荒者成了历山耕种的带头人。他能教化众生，还能平息纠纷。尤其是那个"三徙成国"的"国"字，价值连城，简直是帝尧钦定历法催生出无数国家的象征。

虞舜耕种历山，历山逐渐兴旺。一个新兴的国家出现在唐国的附近。

历山因虞舜而兴旺，虞舜因历山而扬名。

虞舜的盛名可以从两个方面看出。首先，帝尧去姑射山拜访对弈的齿缺与蒲伊，二位就一致推荐他；另一方面，帝尧请身边的臣僚推荐贤人，虞舜得到众臣的一致好评。《尚书·尧

伊村尧王台

典》记载了帝尧和臣僚的对话：

帝尧曰："明明扬侧陋。"

师锡帝曰："有鳏在下，曰虞舜。"

帝曰："俞？予闻，如何？"

岳曰："瞽子，父顽，母嚚（yín），象傲，克谐以孝，烝烝乂，不格奸。"

帝尧让臣僚推荐能够担当大任的贤才，大臣们推荐了贵族中的几位，但没有一个令人满意。帝尧请大家扩大范围举荐："可以选择贵戚中的贤良，也可以推荐地位卑微的能者。"

众臣提议说："下面有个穷困的子弟，名叫虞舜。"

帝尧说："是的，我也曾经听说过，他怎么样？"

四岳回答说："他是瞽瞍的儿子，父亲心术不正，继母存心不诚，弟弟象傲慢骄横，而虞舜能与他们和谐相处。他以孝行美德感化他们，严于律己，不流于奸邪。"

由此可以获得这样的信息，虞舜委曲求全，

孝敬父母。他在历山耕种的事情流传开去，美名传播很广，以至于帝尧身边的不少臣僚都耳闻了，而且帝尧"予闻"，等于也知道，只是耳听为虚，不敢断定，所以问"如何"。问过，帝尧更想亲眼见见这位贤才，于是慕名来到历山。

登上历山，满眼都是坡地，大片坡地却被一条条垄线分割成条条块块。帝尧有些诧异，这垄线有什么作用？他走近田边，问一位老农。老农告诉他，千万别小看这田垄，过去农家因为地多田少，经常发生口角。自从有了田垄，界限分明，人们各耕其田，再也没有争端。帝尧听得异常欣喜，禁不住问，这是谁的主意呢？老者用手指指正在耕田的一位后生。

帝尧朝那位后生走去，到了田边一看，他耕过的土地比别人的平整多了。远远望去，后生的犁后挂着簸箕，他不时敲一敲，这是干什么？帝尧心存疑惑。待后生耕到田头，他上前打问，后生微微一笑，对他说："牛耕田很累，我不忍心打它们。"

帝尧欣喜地看着这个后生，说："你真是个善良的人啊！"

后生又说："再者，我一鞭下去打不到两头牛身上。打黑牛，黑牛走得快，黄牛仍然慢，一快一慢，犁头颠动，地哪能耕平？如果打黄牛也是一样呀！"

"哈哈，好呀！小伙子既仁爱，又有心眼。"帝尧高兴地笑着问："请问你叫什么名字？"

后生答："重华。"

　　重华是虞舜的名字，他是齿缺、蒲伊两位贤士推举的才俊，也是臣僚推荐的贤人。帝尧更为高兴，待到日落天黑，便随虞舜回到他的茅棚，又谈了好些事理。帝尧越谈越觉得这后生是个好苗子，却不知道他能不能处理复杂矛盾。如何办？帝尧的做法是"我其试哉"，将对虞舜进行考验。

　　虞舜心胸豁达，无论遭受多么大的伤害，都不惴不怒，一如既往地善待谋害他的继母和弟弟。帝尧非常满意，先是让虞舜代为摄政，扶上马送一程。二十年后，虞舜熟悉了天下纷纭事务，具备了掌控能力，帝尧便禅位给虞舜。

　　在此之前，头领位置一直在血亲中传续，帝尧将位置传给虞舜，是中国禅让第一次。

二十四孝第一孝

百善孝为先。

在中华儿女的精神世界里，孝敬老人是道德的核心。一个人如果连最亲的父母和长辈都不尊重，不孝顺，何谈为别人付出？因而，我们常常听到弘扬德孝传统文化的呼声。严格讲，德、孝并列在一起似乎有点不够得当。德包括个人品德、家庭美德、职业道德和社会公德，而孝只是家庭美德中的一个方面。与孝并行的应该是慈，即慈孝。慈是指父母长辈慈爱儿女。父母长辈慈善，儿女晚辈孝敬，才算构成了完美的家庭美德，才能全家和谐，共享天伦之乐。将德、孝并列，可见尊长孝老在中华民族中处于举足轻重的地位。

泱泱中华，历史悠久，每一个时代总有眼光超前的文人引领和传播思想文化。元代也不例外，文人郭居敬编写了《二十四孝》，钩沉出各个历史时期孝亲敬老的故事，汇编成书，供大众阅读效仿。其中的故事，有凡夫俗子的，有位极人君的；有善待娘亲的，有敬重继母的；有少幼敬老的，有老者敬更老者的，可谓面面俱到，每个故事都树立起一个孝敬的榜样。

你知道《二十四孝》第一孝从何人写起吗？从虞舜写起，前面讲帝尧考验虞舜没有写详细，这里从头叙述。

帝尧考验虞舜的办法，《孟子·万章》中这样讲述："帝（尧）使其子九男二女，百官牛羊仓廪备，以事舜于畎亩之中。"这里不提"帝（尧）使其子九男"和"百官牛羊仓廪备"，仅下嫁两个女儿就惹下了想不到的灾祸。这灾祸凝定在两个成语里，一个是"落井下石"，一个是"上屋抽梯"，两个成语凝结在两个故事上。故事要从虞舜带着两个新娘子娥皇、女英回家拜见父母说起。

继母看见虞舜两个如花似玉的新娘，真想把他们赶出家去。没有翻脸赶走，是因为象见了两位金枝玉叶的嫂嫂生出了二心，他与母亲合计害死哥哥，把嫂嫂据为己有。虞舜当然不知道，还以为继母和弟弟对他的态度好转了。

这天傍晚，父亲瞽瞍将虞舜叫过去告诉他，水井浅了，要他下去淘井清理淤泥。虞舜没有推辞，答应第二天就干。回到屋里，他和娥皇、女英一说，她们都觉得应该多个心眼。待父母、弟弟都睡了，他们一起忙碌了大半夜。这大半夜没有白忙，第二天虞舜刚下井，就觉得井口一黑，像有什么东西掉了下来。他赶忙闪身，躲进了昨夜挖好的地道，悄悄钻回屋里。井口上的象可得意了，又是填土，又是倒石，把井埋了个严实，心想哥哥必死无疑了。他扔了工具，撒腿就往嫂嫂屋里跑。快近窗前，听见琴声悦耳，以为是嫂嫂弹琴呢！象喜不自禁，大步跨进屋去。一进门，吓得差点跌倒，哎呀，弹琴的竟然是哥哥。象讨了个没趣，说了几句闲话，就溜了出来。

一计不成，又生一计。这天父亲又叫虞舜来，告说谷仓漏

尧庙虞舜殿

雨，要他上屋修整。虞舜又爽快答应了，回屋说过，娥皇、女英都说不能大意。第二天上房顶时，虞舜背了两个大斗笠。他正埋头翻盖茅草，就见谷仓着火了，浓烟滚滚向他卷来。他去找梯子，哪里还有，早被象抽掉了。虞舜从背上拿下斗笠，一手一个，高高举起跳了下来，不偏不倚落在自己的屋前。他抖抖灰尘，回到屋里。大火一会儿就烧光了谷仓，象没找到哥哥，以为他早成了灰烬，便高兴地跑来和两位嫂嫂"成亲"。一进门却与哥哥碰了个照面，腿一软，跌在地上。虞舜拉起他说："小弟以后不要多礼，更不要跪拜。"象就坡下驴悻悻地退了出去。

虞舜连续被害，却不计前嫌，一如既往地孝敬父母，善待弟弟。后母和弟弟见害不死他，以为是天神相助，不敢再动邪念，一家人和睦相处，光景过得红红火火。帝尧闻知，就将虞舜迎进宫中代为摄政。

这两件谋害虞舜的故事，史书称之为"掩井、焚廪"。《孟子》中这样记载："万章曰：父母使舜完廪，捐阶，瞽瞍焚廪。使浚井，出，从而掩之。象曰：谟盖都君咸我绩，牛羊父母，仓廪父母，干戈朕，琴朕，弤朕。二嫂使治朕栖。象往入舜宫，舜在床琴。象曰：郁陶思君尔。忸怩。舜曰：惟兹臣庶，汝其于予治。"

这是借用万章的口气讲述世事，与上面的故事差异不大。父母命舜去修粮仓，他刚爬上屋顶就被抽掉了梯子，父亲还放火烧掉了粮仓。又让舜淘井，舜逃出来了，还用土堵住井。最主要的是，一针见血戳穿了象的阴谋。象以为哥哥被烧死，对父母说："谋害舜全是我的功绩，牛羊、仓廪归父母，干戈、琴及弓归我，我还要二位嫂嫂照料我睡觉。"

孟子笔下的故事没有说清楚虞舜是怎么化险为夷的，司马迁写《史记·五帝本纪》时当然不满意，他自圆其说，将化险为夷的办法钩沉出来了："瞽瞍尚复欲杀之，使舜上涂廪，瞽瞍从下纵火焚廪。舜乃以两笠自捍而下，去，得不死。后瞽瞍又使舜穿井，舜穿井为匿空旁出。"看吧，虞舜逃生的办法活灵活现，他从廪上"以两笠自捍而下"，"穿井为匿空旁出"，与民间传说完全一致。

史圣司马迁就是史圣，不仅笔下增加了虞舜逃生的细节，增加了故事的可信度，最为关键的是增加了一句："舜复事瞽瞍爱弟弥谨。"

"舜复事瞽瞍爱弟弥谨"，可不是一句平常话，是说虞舜不记仇恨，继续孝敬父母、善待弟弟，仍然如先前一般无微不至，这正是帝尧希望看到的高贵品质。虞舜能够代为摄政，乃至后来继承帝位，这是最为关键的一点。司马迁为先前的口述历史画上了点睛之笔。意外的暗算不仅没有伤害虞舜，反而彰显了他的人格魅力。

虞舜遭受继母和异母弟弟象的多次迫害，从无怨言，不计前嫌，一如先前那样善待继母和弟弟象，最终感化了继母和弟弟象，一家人和和美美过日子。帝尧认准虞舜心地善良、仁让宽厚，这才将他带回宫廷培养，待他熟悉了统领天下的方法，就让他代为摄政，继而把帝位禅让给他。

由此可见，虞舜是孝敬父母的榜样，同样也是爱弟弟的榜样。悌，本意是敬爱兄长，后来引申为兄弟姐妹和谐相处，因而可以说，虞舜既是《二十四孝》第一孝，也是华夏孝悌第一人。

划州设贡第一税

前面讲大禹治水，洪水泛滥，人为鱼鳖，房舍遭毁，多么悲哀的惨景呀；洪水平息，人还故土，重建家园，多么欣喜的局面啊！最为欣喜的是，在大禹治水成功的凯歌声中，一个更新的硕果正在悄然瓜熟蒂落——

这就是划定九州。

《尚书·禹贡》有句话，标志着一个新时代的开启："禹别九州，随山浚川，任土作贡。""禹别九州"，犹如晴天霹雳，宣告在人类居住的星球上，最早的国家脱颖新生。

国家的新生何以见得？用"州"字作为钥匙，可以打开帝尧时期国家演变的秘密之锁。东汉许慎在《说文》中写道："水中可居曰州。"可见州字从"川"，从"、"。"川"是指归向大泽大海的水流，如黄河、长江、淮河等；"、"在《汉语大字典》里解释为：字音义同"主"，意为"入住""进驻"。"川"与"、"联合起来表示"住到河边"，"（汛期）住在水中"。由此可见，许慎的说法不无道理。以此推及，不少专家学者论定，

《尚书·禹贡》中划定九州，是泛滥的洪水消退后，腾出了九大块供人居住的高地。

至此，令人顿悟，在洪水泛滥之前，虽然已经有了国家的雏形，但是一直采用的是部族和部落联盟式松散的管理体制，这属于家族式放大管理。而在治水以后，管理体制来了个实质性的飞跃，由家族式放大管理蜕变为行政格局式的统一管理，这无疑是国家形成过程中一个里程碑式的拐点。

从《尚书·禹贡》看，最初的九州不是我们印象中的"三三见九"的方块中国。那个时期中华民族大多生活在北方，衡山是国土的南部疆界。东至东海，西至汉水，这个范围就是当时大致的国土范围。当时设定的九州是：冀州、兖州、青州、徐州、扬州、荆州、豫州、梁州和雍州。就九州而言，人口的分布很不均匀。如果沿祁连山—渭河—华山—连云港自西向东画一条横线，那么，当时人口稠密区主要集中在这条线北边的四个州，由西往东依次是：雍州、冀州、兖州、青州。南边各州人口要比北方少得多。

敲击至此，喜悦的浪花时刻激荡着心胸。何

止是划定九州，何止是国家行政格局的初生，而且保证帝尧古国这架机器运转的能源将取之不尽、用之不竭。

再让我们咀嚼一下《尚书·禹贡》中的那句话吧："禹别九州，随山浚川，任土作贡。"上一次我们把中心置之"禹别九州"，这一次我们把中心置之"任土作贡"。

"任土作贡"就是国家最早的贡税。

"任土作贡"，犹如春风惊蛰，宣告新生的国家将有源源不断的能量滋养这架机器。

赋税能不能施行，能不能长期施行，有一个千秋遵循的原则，即公平。"任土作贡"，就是根据各州土地的肥瘠状况制定出纳税的等级。这不得不令人感叹中华先祖的英明，自贡税初生就体现出公平这个重要原则。

回味《尚书·禹贡》，为保证"任土作贡"，尧、舜、禹进行了四个划分。首先是划分政区，其次是划分地域，再次是划分地貌，最后是划分土质。简而言之，国分九州，域分五服，地分三类，土分九级。

国分九州，即冀州、兖州、青州、徐州、扬州、荆州、豫州、梁州和雍州。

域分五服，即甸服、侯服、绥服、要服和荒服。

地分三类，即壤、坟和涂泥。

土分九级，即上、中、下三等，每等又分为上、中、下三级。上等包括：上上、上中、上下；中等包括：中上、中中、中下；下等包括：下上、下中、下下。

这样划分的好处是责任明确，便于掌控，力求公平。划定九州，就是让各州头领明确责任范围，再进而下达贡赋多少。先看各州之贡，由此看到的是横向公平，即纳税能力相当的人同等纳税。这里面对的虽然不是纳税人，而是各个州，

临汾九州广场牌坊

所体现出的也是公平对待。

《尚书·禹贡》具体列出了各州所贡物产，如兖州纳"厥贡漆丝，厥篚织文"，即将织好的绸缎装在竹篮里成批进贡；青州纳"厥贡盐、绨，海物惟错，岱畎丝、枲、铅、松、怪石……厥篚檿丝"，即缴纳盐、精细葛织物等食品和用品……各州都要缴纳当地特产，以供中央政府人员使用。可见，那时征收赋税，已经在遵循因地制宜、公平合理的原则。

最为公平合理的当数区分"五百里甸服"纳赋。文中指出："五百里甸服：百里赋纳总，二百里纳铚，三百里纳秸服，四百里粟，五百里米。"帝都五百里内称作甸服，"百里赋纳总"。"总"是何物？孔传"禾稿曰总，入之供食国马"，足见是让交连根拔除的禾粟。"二百里纳铚"，单纯说"铚"无法理解，《说文》解释"铚，获禾短镰也"。就是要他们缴纳收割下的禾粟。"三百里纳秸服"，"秸服"似乎是带秆的禾粟。那与前面割下的禾粟岂不矛盾？不矛盾，那些禾粟还带着叶子，而这"秸服"是去掉叶子的。"四百里粟"，粟是没有脱壳的米；"五百里米"，则是脱壳后的粟，即精米。

如此回眸，可以看出越是离尧都平阳近的地方，缴纳的东西越是繁杂；越远的地方，缴纳的东西越简单。这肯定是考虑到携带运送的方便与否。所谓公平合理恰在这里。为什么要百里以内缴纳完整的禾粟？前面说过的养马是一种答案，我认为还要生火做饭，而枝干叶子及粟壳都可以作柴火。

阅读《尚书·禹贡》简直如饮美酒，令人醉心。谁会想到，初始之际的"任土作贡"就包含了我国贡税公平合理的基因。公平合理，才能为各州认同。中国贡税在公平合理的原则上源源不断，滋养了上古，滋养了春秋战国，滋养了秦汉，滋养了历朝历代，直到当代，仍是推动经济社会发展的基本保障。

划定九州形成的贡赋，堪称中国第一税。

教民稼穑第一师

　　天下孔庙有四位配享祭拜者，尧庙广运殿也有四位配享者，其中之一就是手拿谷穗的后稷。手拿谷穗一下显现了后稷的身份和作为，他是农官，主要功绩就是教民稼穑。《孟子·滕文公上》记载："后稷教民稼穑，树艺五谷，五谷熟而民人育。"后稷教给先民种植和收获的方法，学习栽培五谷的农业技术，五谷丰收了，就能够很好地养育众生。这等于说，后稷教民耕种，促使五谷丰登，大家丰衣足食，功莫大焉。

　　后稷是职务，他的名字叫弃。为何叫这么个古怪的名字？说来有个故事。后稷和帝尧是一父两母的兄弟，后稷的母亲是姜嫄。有一天，姜嫄去野外游玩，不知不觉走远了，来到一个风景优美的山脚下。山前有个碧波粼粼的湖泊，湖边是一条小路，路边杂草很多，野花很多。姜嫄边走边看，不时弯腰采摘多彩的花朵。忽然，她看见地上有个很大很大的脚印。这世上怎么会有这么大的脚呢？姜嫄十分新奇，脚这么大，那这人个头该有多么高呀？她越想越觉得奇怪，就想和这个大脚比试一下，看他的脚比自己的大多少。这样想时，她伸出的一只脚已踩在了那个巨大的脚印上。这一踩可不得了，姜嫄浑身发麻，如果让当代人来形容，那种感觉可能就像触了电一般。

回家后，姜嫄的肚子一天天大了起来，她怀孕了。过了些日子，她生下一个白白胖胖的小男孩。可家里人觉得她怀孕有些奇怪，不愿抚养这个孩子，将他从母亲怀中夺下，扔到了村巷里。村巷又窄又小，牛过羊来，鸡飞狗跳，肯定会把这孩子踩死。奇怪的是，这孩子非但没有被踩死，还有牛羊给他喂奶。家人见他不死，又将他扔到野外的寒冰上，这一来非冻死他不可。可是，这孩子还没死，天上飞来好多好多喜鹊，轮流背负着他，呵护着他。过了几天，家里人跑去一看，孩子还好端端的，索性将他扔进山上的树林里。山高林密，野兽出没，这孩子必死无疑。然而，有人上山砍柴，看见孩子好端端的，竟然还有一只老虎守候在他的身边。有百兽之王护着，别的野兽哪敢挨近他，更别说伤害他。家人得知，觉得这孩子非同一般，就将他抱回去抚养。既然要抚养，就该有个名字，因为被抛弃过，就叫他

"弃"。

　　暂且不说这个弃日后会大有作为，只说由于他被抛弃在深山老林，缘于老虎守护才保全性命，先民便将老虎视为人们的保护神，自此便做一些老虎饰品，让其保佑孩童长大。布老虎、年画老虎就这么流传开来，成为一种民俗，保佑世人祖祖辈辈安居乐业。

　　司马迁在《史记·周本纪》中写道："弃为儿时，屹如巨人之志。其游戏，好种树麻、菽，麻、菽美。及为成人，遂好耕农，相地之宜，宜谷者稼穑焉，民皆法则之。帝尧闻之，举弃

广运殿塑像

为农师，天下得其利，有功。帝舜曰：'弃，黎民始饥，尔后稷播时百谷。'"

倘若是用通俗的话语讲述这则故事，应该说，弃长大后很有个性。别家的孩子满地乱窜，他却不随群，不入流。他喜欢一个人到野外去，悄悄采摘些植物的种子，带回家来，种进地里。那些种子发芽了，长高了，在他的管护下结出了籽实。这籽实比原先大了好多。待到长大成人，弃成了种庄稼的好把式。他按时令播种，及时除草，还制作了几样简单的农具，干起活来效率高了好多。起初，众人没把这后生放在眼里，收获时见他打的粟谷多，就有些佩服，时常跑到田头和他拉话，弃也就把自己种地的方法教给他们。这一来，弃的耕种办法传播开去，众人种植的禾苗长得比先前苗壮了，谷穗沉甸甸的，多收了粮食，人人都能饱腹度日。

弃的声誉不胫而走，名气越来越大，附近的人们都来向他讨教。他经常走出去指导别人种田，他的种田经验越传越远。后来，帝尧闻知了，就将这位异母兄长请进宫去，聘请他当农师，官职为后稷，委托他管理天下农事，教众人耕作。后稷尽心尽力地教导民众，先进的耕作技术很快传遍四面八方。没人再叫他弃，都改称后稷，众口一词地赞扬，后稷是个了不起的人物。

那后稷是如何教民稼穑的呢？或者说，后稷教民稼穑都传授了些什么农业技术？任何史书中都没有详细记载，没有具体说明。我们先从字面上解读一下稼穑，"稼"是指播种，"穑"是指收获。也有一种说法，认为"稼穑"是庄稼的总称，在田地里为"稼"，存放在仓库中为"穑"。由此可知，"稼穑"就是农业耕种、收获和保管的总称。教民稼穑，包含了从种植到管理、到收获，再到保管的全过程。

传统农业生产中，教的成分极少，多数人都是看别人劳作的样子学会的，是模仿长辈耕种学来的。可是上古时期，非教不行，因为这个"教"字包括了先进的耕作方式，起着重要的推动作用。

要说清教民稼穑，必须了解当时的农业状况。那时候，农业生产非常落后。从考古发现看，虽然人类开始农业耕种距今有上万年历史，南方种水稻，北方种粟黍。只是，在演进发展过程中往往有这种现象，一种好的方式一旦被接受，便长期使用，再难有突破和发展。十多年前司空见惯的耕牛犁地方式，据说始于东汉时期。若真是那样，这种二牛抬杠的耕作方式一下就延续了两千年，现今在一些山村仍然可以见到。

后稷塑像

半个多世纪以来，尤其是中华文明探源工程开启之后，农耕进程的面纱不断被掀开，十万年间准备，上万年前起源，已基本形成共识。从采摘到种植，时间悠久漫长，当然不是神话里神农氏一个人可以担当完成的。神农氏之所以神，源于他身上浓缩了十多万年间的先民智慧，他成为炎黄子孙仰望的精神楷模。农业播种的起源时间虽然悠久漫长，但是到了帝尧担当大任的初期，生产力仍然相对低下，先民的生活仍然十分艰辛。

所以，帝尧继位之后的首要工作，就是提高生产力。提高生产力的办法主要有两点：一点即前面所讲的钦定历法、敬授民时，只有掌握四时轮回，播种、收获有序进行，才能保证有种有收，少种多收；另一点就是确定专人管理农业，当然其主要职责便是教民稼穑，担当此重任的就是名传千秋的后稷。

那后稷教民稼穑，到底教什么？史书了无痕迹，考古发现有限，我们只能想象推断。1958年前后，国家出台农业八字宪法：土、肥、水、种、密、保、管、工，这确实促进了农业发展。尽管袁隆平看出其中缺少时令节气，但是这缺少恰好说明，此事早在帝尧时期就已解决，已经不是问题。帝尧观天测时、确定时令节气后，要获得粟禾丰收，土、肥、水、种、密、保、管、工，应该就是后稷教民稼穑的主要内容。

后稷这农官如何履职？史料里没留下任何蛛丝马迹，只能去陶寺遗址的考古发现中搜索。高天麟先生《龙山文化陶寺类型农业发展状况初探》的论文，读来让人耳目一新，从中可以明白三层意思：第一层，帝尧那时的主要农作物是粟谷，陶寺人的食用植物占到70%，小米成分多于仰韶遗址、龙山遗址。小米需要种植，这可以证实后稷教民稼穑并不虚妄。第二层是生产工具由石头、木头、骨头三种材料制作，多数是石头的。播种、耕耘和收获，都离不开工具，后稷教民制造工具、使用工具，属于稼穑范畴。第三层是贮存粮食的用具增多，中、晚期的圈足罐，最大的高达80.5厘米，可装近69公斤谷物。同时，贮存手段也先进了，圈足罐底部敷有石膏，明显是为了预防潮湿。这些都说明，那时候的先民不仅依靠体力生活，也在依靠智力生活，其中一定也渗透了后稷的智慧。谁的智慧成为大众的生命活力，谁就会受到大众的崇拜，后稷成为神话中的人物无非是这个道理。往后的历史进程中，有四千多年都在恪守民以食为天的社会法则，有饭吃，天下安，社稷便成为皇家江山的代名词。

后稷，可以说是教民稼穑的第一位老师。

米庠脱颖第一校

　　注目帝尧时期的社会发展，令人无比欣慰。大旱过去，洪水消退，整个社会犹如熬过寒冬，跨入春光温煦的时节，遍地繁花纷纭开，万紫千红映眼明。古老而拙朴的学校也迎朝阳，沐春光，脱颖而出。

　　教育是人类区别于其他动物，并加速进化的一个重要原因。自原始人类生成以来，教育就伴随着先祖的脚步前行。当然也可以说，人类的文明进化总是伴随着教育而提升。因此，观赏尧舜时期的教育，不能说是创立，只能说是一个突飞猛进的成长期。这自然是因为帝尧具有远见卓识，在治理社会时把教育放在了显要的位置。所以，后人认为他是教化万民的典范，对他崇敬有加。

　　纵观人类进化成长的过程，可以划分为自然教育和自觉教育两个阶段。如果将专门学校的设立看作自觉教育的起始，之前则是自然教育阶段。那么，自觉教育的源头何在？似乎应该追溯到黄帝时期。《周礼·春官宗伯》记载："成均，五帝之学。"由此可知,黄帝那时就有了叫作"成均"的学校。不过,也许这只是萌芽状态,未能像帝尧时那样大力推广,因而并没得到史学界的普遍认可。相比之下,尧舜时期的教育就大为亮眼,受到诸多学者的关注。施克灿先生在《中国教育思想史》中明确记载,相对而言,有关尧舜时代的传说,表现了人们教育观念的自觉和教育内涵的丰富。尧舜都是以仁德教化天下的氏族部落联盟首领。

飞越,一次飞越。

"教育观念的自觉和教育内涵的丰富",无疑是教育进化史上的一次大飞跃。自觉,是自然教育向自觉教育跨越的分水岭;丰富,充溢了自觉教育的诸多内容。对此,柳诒徵先生在《中国文化史》中讲述得更为具体:"唐、虞帝国之官,司教育者有二职,盖一司普通教育,一司专门教育也。普通教育专重伦理……其施教之法不可考。专门教育则有学校,其学校曰庠,亦曰米廪。"

关注帝尧时期的教育并倾注笔墨的不只是施克灿和柳诒徵这二位先生,还有很多。但是,从仅此两例中也可以得知,那时的教育形态逐渐完备，教育形式逐渐多样。这是社会发展到一定程度的必然结果，也说明，尧舜时期是教育的飞跃时期。如果说先前的教育还处在蒙昧期，此时则清晰显现了教育的形态，史料众多。

尧舜时期的教育是面向全社会的。对上，重视领导层的教育；对下，注重社会民众的教育。对于领导层的教育，我们在"垂拱而治"中得知，帝尧不断提高自身素质，诚如《尚书·尧典》所记载，他"钦思文明安安，允恭克让"。郑玄解释说："敬事节用谓之钦，推贤尚善曰让。"思，思考、考虑；文，经天纬地；明，照临四方；安安，温和、宽容。允，的确；恭，谦虚、谨慎；克，能够。这些字眼无不透露出帝尧的自身修养，他是战战兢兢，如履薄冰，唯恐自己有所失误，殃及平民。因而，谨慎地明察四方，思虑大事，礼让贤人，宽容温和地处理国事。他不仅注重自我教育，而且用他的言行感化教育身边的大臣们，后来继承帝位的虞舜、大禹，都能深省自身，端正品行，将全部心血和精力用在为广众谋福祉上。为此，《尚书·舜典》将虞舜誉为"浚哲文明，温恭允塞，玄德升闻，乃命以位"。浚，深邃；哲，智慧；塞，充满；玄，潜行修养；德，道德品格；升，上面，朝堂；闻，听。其意是，虞舜潜心加强修养，智慧深邃，文明谦和，名声传到朝堂，帝尧给予他应有的职位。

大禹呢？他之所以能成为万世敬仰的治水英雄，一个重要的原因就是受到了尧舜的良好言传身教，正如《尚书·大禹谟》所说："文命敷于四海，祗承于帝。"其意是，大禹能将文明道德教化传播到四海，完全在于恭敬地秉承尧舜的教诲。无须赘述，尧、舜、禹的可贵行为足以说明当时的领导者已重视自我教育、自身修养。

施克灿先生认为尧舜时期的教育内涵丰富了，何为丰富？我看至少从道德教育、技术教育和礼仪教育三个方面体现出来。道德教育，由垂拱而治彰显出来。尧舜十分重视道德品格的教化，《尚书》中说，帝尧命令虞舜推行德教，"慎徽五典，五典克从"。还任命契"作司徒，敬敷五教"，使五教成为五常，形成了最早的家庭行为规范。帝尧确定了道德标准，虞舜广为教化传播，先民的自身修养迅速提高。

倘若是我们那时紧随在尧舜身边，肯定不会听到从他嘴里说出技术教育的概念。不过，他那时已经在实施技术教育。当时农耕条件极为落后，要种好粟禾、多收籽实，让大家吃饱肚子，必须改进种植方法，传播生产技术。钦定历法之后的敬授民时，是向大家传播天文气候知识，以便顺天应时，该种则种，该耕则耕，该收则收。敬授民时，推广新的历法还不是一蹴而就的事情，那就只好派人四处传播。这样传播推广，使先民很快认识到新历法的重要，按照节气指导农事，保证了粟禾的正常生长。当然，后稷教民稼穑就是向众生传播生产技术的典型事例。选择好的种子，打制好的农具，告别粗放的刀耕火种，精心耜田除草。在后稷的指导下，耕作技术逐日提高。在先民眼中，这一切不过就是为了多收粟谷、吃饱肚子。可是，就在这无意而为之中，技术教育油然而生，勃然而兴。

礼仪教育也是尧舜时期不能忽略的大事，只是相对于技术教育而言，其中传承的多，创新的少。礼仪，在上古那个蒙昧时代主要寄寓于祭祀之中。那时先民对许多自然现象大多搞不明白，多有神秘感，风霜雨雪、雷鸣电闪，无一不归结为上天的力量。为祈求神灵保佑，风调雨顺，祭祀成为头等大事。在先民眼中，只有祭祀才能感动天地，五谷丰登。那时的祭祀已形成了礼仪形式，所以，传播、流行、施用已成为普遍现象。每个先民在参与祭祀的过程中，都特别虔诚敬畏，不敢为所欲为，教化也就像春雨那样润物细无声。当然，尧舜时期对礼仪教育也不是没有创新，垂拱而治的"拱"字就体现出新意。其新意在于，将以往对天地神灵的礼敬扩大到对他人的尊重，拱手行礼，友善相处，和谐社会，顺势生成。

若是细细探究，尧舜时期并存着自然教育和自觉教育两种形式。自然教育就是在生产实践中无意识地传承教育。这在1960年代还普遍适用，那时有一部轰动城乡的戏剧电影《朝阳沟》，知识青年银环跟着恋人拴宝去山村扎根，向未来的公公讨教种庄稼的经验。准公公的说法是：庄稼活儿不用学，人家干啥咱干啥。这便是经典的农业技术教育方式，不用系统学习，跟着大家干，干中学，学中干，也就"在游泳中学会游泳"。60年前的农业教育是这个样子，4000年前的教育就更是这个样子。上古时期的农业技术推广和祭祀礼仪，多数人的多数内容都是这么学会的。这不是尧舜那时独有的特色，而是当代人所说的教育，原始先祖只是耳提面命，一代一代传承沿袭。

尧舜时期最显著的特色，是专门教育凸显。皋陶推行法律，虞舜施行五典，契敬敷五教，都有专门教育的成分。更为鲜明的专门教育是学校，或说成均、庠、米廪。此时的教育已经具备了学校的雏形，虽然与后来的学校相比还很稚拙，但是迈出这一步也很不容易。这一点，只要看一看米廪和庠的意思就会有所领悟。米廪，是古代的

尧庙仪门

粮仓。《礼记·明堂位》说："米廪，有虞氏之庠也。"这很有道理。有虞氏将粮仓作为养老的地方，首先保证了老人们不愁食物。庠，《孟子·滕文公》载："庠，养也。"是说，庠是养老的地方。从字形可以看出，庠最初是羊栏，后来作用扩大为库房、粮仓，将老人供养在这里是为了吃饭方便。《礼记·王制》又说："有虞氏养国老于上庠，养庶老于下庠。"老人有朝臣，有平民，将朝臣的老者养在上庠，将平民的老者养在下庠，这不就是最早的敬老院吗！

那为何昔日的敬老院能成为学校？试想，这些老者都是历尽世事、颇有经验的人，在米庠哪会心安理得地白白吃饭？或许，他们主动提出将孩童召集于此，由他们管带传授经验。这等好事，尧舜怎能不答应？如此一来，米廪也好，米庠也罢，就兼而有了两种用项，养老的作用未变，又增加了传授经验的功能。古代的专门学校就这么诞生了，而且诞生得合情合理，无懈可击。这也可以回答，为什么古老的学校叫作庠，叫作米廪。

了解到帝尧时期教育的基本情况，就不难分析其教育方法了。依我看，其无外两种，最广泛的是师傅带徒弟，边干边学，从中模仿接受经验，这可称为"传带法"。另一种就是"教授法"了，这多指米廪和庠学中的教学方法。说到此，就想起《尚书·舜典》中虞舜和夔的对话：

帝曰:"夔!命汝典乐,教胄子,直而温,宽而栗,刚而无虐,简而无傲。诗言志,歌永言,声依永,律和声。八音克谐,无相夺伦,神人以和。"夔曰:"于!予击石拊石,百兽率舞。"

虞舜命令夔担任乐正,教导青少年,使他们正直而温和,宽大而谨慎,刚毅不粗暴,简约不傲慢。诗是思想志向的表达,歌是个人情感的语言,宫、商、角、徵、羽,这五声依照思想情感咏唱,韵律要与声音和谐。如果八类乐器演奏的声音都很一致,好听而不杂乱,那么,神和人都会与之相谐而歌。夔听了虞舜的指示,立即表示,我敲击石磬,使各种野兽都随着节拍舞蹈。

这段对话蕴含的内容很多,我之所以想起这段对话,是因为其与教育息息相关。夔是乐正,也负责教育后代,并且他的教学方法就是直接教授。他击打石头,百兽随着节奏起舞,难道那时的驯兽水平如此之高?显然不会,那时的驯兽还发展不到这种程度。他所说的兽,是孩童们装扮的。孩童们按照夔的教导,跟随他击打乐器的节

161

奏起舞而歌，这便是那时的音乐课。当然，开设这种音乐课不是为了演艺，而是为了陶冶青少年的性情，为了使他们"直而温，宽而栗，刚而无虐，简而无傲"，陶冶他们的道德情操！

有关尧舜时期的资料有限，但是，从这些有限的资料也可以看出，那是教育快速发展的时期，专门的学校成为教育的亮点，技能传播加快了，文明进程加快了。对此，施克灿先生的《中国教育思想史》这样评价："它表明，教育已开始成为一种专门的人类社会实践活动，显示了华夏民族早期教育实践水平的飞跃。教育实践水平的提高也意味着教育认识水平的提高。尧舜时代的传说反映出人们更自觉地认识到教育的作用，而主动地去加以实施。"

简而言之，华夏最早的学校雏形出现了，称其为"米庠脱颖第一校"大概没有什么不妥当吧。

小康人家第一村

进入新时代，中国最响亮的声音就是小康社会。由建设小康社会到全面建成小康社会，十余年间，小康社会的声音如雷贯耳，激荡人心。倘若要追问，小康社会起自何时？那我们必然要和帝尧再次照面。

瞧，帝尧已经来到了康庄。

康庄，如今是临汾城东北角的一个城中村。村庄不大，却有一块大得能承载千年沧桑的石碑。这块碑上刻着那首闻名遐迩的《击壤歌》。这诗歌朴实得几乎像是大白话，可就是这大白话一般的诗歌，向我们展示了帝尧那时的村落情景。帝尧前来巡访时并不知道这里是康庄，也就是巡访一个和千千万万普通村落一样的地方。或许那是个深秋的午后，天空挂着不热不冷的太阳。村里到处整洁，寂然无声，不见人影。刚刚收打完粟黍，人都到哪里去了?

　　帝尧正在纳闷,忽然听到村庄那头响起一阵笑声。顺着声音走去,来到一个大场上。哈呀,人挤得满满的,怪不得村中无人,全跑到这儿来了。这么多人在干啥呢?他紧走几步,挨近外围朝里头一看,原来是在游戏。只见地上竖着一块木板,有人手中拿着一块木板,突然一甩臂将木板投掷出去,正好打中地上那块,人群中发出阵阵笑声。哈呀,这是在做击壤

康庄《击壤歌》碑

游戏！笑声未落，就跳出一个人来，上前拿了木板，就要投掷。大伙狐疑地看着他，好像在说：你能行吗？

这是位老者，头发白了，胡子白了，连眉毛也白了。白头老翁却微微一笑，拿着木板唱出声来。他唱的就是"日出而作，日入而息"。因为这是在做击壤游戏，所以这歌也就被称为《击壤歌》。看到众人如此快乐，帝尧也舒心地笑了，笑着问："这是什么村庄？"

有人告诉他："康庄。"

帝尧高兴地说："这真是快乐的小康人家！"

就这样，小康人家的美称生成了。不仅如此，先民还把帝尧他们走过的那条大道称为康庄大道。如同鱼儿离不开水，小康人家当然要生成在小康社会。因而，后世文人学士回望那个时期，总是冠之以原始古朴而又美好的"小康社会"。小康社会的源头就在康庄，涓涓清流，滔滔汩汩，一直流到了今天，流到了我们的面前。

起初，我以为《击壤歌》和小康社会的来历只是个传说，没想到在古籍里还能找到依据。《高士传》中写道："帝尧之世，天下大和，百姓无事，壤父年八十余，而击壤于道中。"

何为击壤？《太平御览》中引用《风土记》的文字做了解释："击壤者，以木作之，前广后锐，长尺三四寸，其形如履。腊节，僮少以为戏也。"壤说清楚了，怎么游戏？也就该说如何击打了："先侧一壤于地，遥于三四十步，以手中壤击之，中者为上。"

从古籍中的文字可以看出，民间传说的击壤游戏不是无源之水、无本之木。那么，小康社会从何谈起？其实，《高士传》

学生观瞻《击壤歌》碑

中"帝尧之世，天下大和，百姓无事，壤父年八十余，而击壤于道中"的记载，就传递了小康社会的信息。可知当时确实是太平盛世，人们丰衣足食，无忧无虑，才会集聚在一起，游戏逗趣，就连八旬开外的壤父也欢心地加入到游戏中来了。这不就是小康社会的美好图景吗？

那图景在现今看来太一般了，仅仅就是"日出而作，日入而息。凿井而饮，耕田而食"，可就是这么简陋的生活，也是"帝尧之世"的创举。创举在于钦定历法，敬授民时，推进农耕，让先民丰衣足食；抵御大旱，开凿水井，迁徙高地，让先民安居乐业；治理洪水，划定九州，任土作贡，确保了初生的国家良好运行。

当然，回望尧舜那时，我们看到的不只是先民丰衣足食，还有文化娱乐。古朴的小康社会已经展现出物质文明与精神文明比翼双飞的美好愿景。

康庄堪称小康人家第一村。

古诗源头第一首

中华民族，诗风浩荡。激越的元曲，在城市乡村传唱；优美的宋词，在市井庭堂响亮；高雅的唐诗，在九州大地颂扬。继续上溯，《诗经》里喷薄着风雅颂的气象！继续上溯、《大章》《韶乐》无不是尧舜时期美好的合奏！

不过，这还不是诗歌的源头。那诗歌起源于何时？回答这个问题不用动脑筋，前面在探究小康社会的来历时已经透露了答案。康庄先民在打谷场上吟唱的《击壤歌》，堪称中国诗歌之源。这不是尧都人对故乡的偏爱，打开《古诗源》与我们照面的就是《击壤歌》。也有学者说，中国的诗歌开篇有个二言诗的过程，代表作是《弹歌》。可能《弹歌》最早记载在靠后两千年的《吴越春秋》中，《古诗源》没有认可。

如此看来，《击壤歌》唱响了中国最早的诗歌！

如前所述，《击壤歌》是帝尧巡访时看见先民在打谷场上游戏，歌之舞之，高声吟唱出的：

日出而作，

日入而息。

凿井而饮，

耕田而食。

帝力于我何有哉。

　　无数次在城乡走过，看见欢跳广场舞的身影，就会想起打谷场上高唱的《击壤歌》与随之起舞的先祖。他们不仅是我们的血脉先祖，还是我们的文化先祖。如今的广场舞，何尝不是沿袭打谷场上歌之舞之的模式？是的，应该是，西方的街舞是走出喧嚣的车间，工人急不可耐地在街头舒展肢体，排遣头脑中的烦躁，而我们是在延续着先祖农家丰收后的喜悦和闲适的模式。

　　很长一段时间，我都把《诗经》视为中国诗歌的源头。不是我一人这样认为，无数国人从教科书和讲堂上接受的就是这般定论。动摇这定论的是我年岁增长，知识渐多，耳边经常萦绕着从河汾大地传唱的《击壤歌》。《诗经》很早，早到了周代，可是这部诗歌总集未能容纳《击壤歌》，因为《击壤歌》比之要早得多，早到比之早千年

《击壤歌》书法刻石

的上古时期，经过尧舜，经过夏商，才能抵达的周代，自然无法收录这初创的祖诗。从那时起，我把《击壤歌》看作中国最早的诗歌。不过，我没有敢为此高声喧哗。因为，据说中国的诗歌从二言诗发端，《击壤歌》显然不符合这个标准。后来我理直气壮张扬这个观点，是因为《古诗源》一书为我壮了胆。《古诗源》由清代沈德潜主编，他把《击壤歌》放在第一首，并且在例言里指出：《击壤》《康衢》，肇开诗声。

肇开诗声，振聋发聩！

这判断是不是有些偏激？不，完全准确。沈德潜认为："帝尧以前，近于荒渺，虽有《皇娥》《白帝》二歌，系王嘉伪撰，其事近诬，故以《击壤歌》为始。"

《击壤歌》是我国的第一首诗歌，而且无愧于我国的第一首诗歌。由此诗可以看出，中国诗歌一开源就独抒性灵，不以庙堂为题旨去奉迎作歌。这与《尚书·舜典》中"诗言志，歌永言"的记载完全符合。"诗言志"，不是言庙堂之言；"歌永言"，不是咏庙堂之言；而是言自己的心声，咏自己的性情。可以说，我国的诗歌一开篇就和封建庙堂剥离开来。庙堂高唱的是"吾皇万岁"，诗歌却可以发出"帝力于我何有哉"的吟唱。

当然，在帝尧创造的太平年代，颂扬他们丰功伟绩的歌声不会不存在。《古诗源》还收录了这样一首歌：

> 立我烝民，
> 莫匪尔极。
> 不识不知，
> 顺帝之则。

这是《康衢谣》，据说，这是帝尧治理天下50年后微服私访，在街巷里听见儿童吟唱的歌谣。

立，为粒，粮食的意思；烝民，众民，很多人的意思；尔极，帝尧的功德高到了极点；帝之则，帝尧确立的规则。这显然是说，让天下民众都有饭吃，这莫不是你的功德。什么不知道都可以，只要知道按帝尧确定的规则办事就成。在当时以此歌颂帝尧无可非议，他钦定历法，敬授民时，开凿水井，设立华表，确实给先民创造了最佳的生活环境。可是，延伸这种模式，到了后世就会面对毫无作为的封建帝王唱赞歌。这便降低了文学的意蕴，完全成了遵旨和谢恩的另一种模式。这种模式如果渗透进文学领域，必然会影响"诗言志"，必然会干扰"歌永言"，会成为千篇一律的"吾皇圣明"，这势必会湮没民间百姓的心声。所幸，帝尧时期是畅所欲言的时期，是广开言路的时期，既可以"不识不知，顺帝之则"，也可以"帝力于我何有哉"。而且，帝尧闻听"帝力于我何有哉"，不仅不发怒，还非常欣慰，甘拜吟唱的康衢老人为师。

最为值得仰慕的是，在一片颂扬声中帝尧没有被冲昏头脑，以救世主自居，依然恭敬谨慎，小心翼翼为民操劳。先民越是"不识不知，顺帝之则"，他越是战战栗栗，一天比一天谨慎，正由于此，帝尧才会成为受到万代敬仰的明君。

《击壤歌》如甘霖，如雨露，滋养着无数中华儿女的心田，让他们的灵魂明净如碧蓝的天空，闪亮如璀璨的群星。因而，中国才会出李白，出杜甫，才会成为诗歌泱泱的大国。

洞房花烛第一洞

尧庙广运殿背后是寝宫。寝宫始建于唐麟德年间，宫内供奉着帝尧和他的夫人女皇。清朝末年重新塑像，塑像者是当时临汾县小贾村的民间艺人李辉。塑像相貌朴实厚道，像是一位心地善良、乐于助人的乡村老农。民间传说，帝尧夫人女皇属于散宜氏部族，是天上的降凶仙子下凡化生的，经常变为梅花鹿四处游走，人称"鹿仙女"。

上香叩拜过，我不由得想起帝尧与鹿仙女携手入洞房的欢欣场景。洞房，古老的山洞，曾为无数上古先民遮风挡雨。随着时代的进步，人们走出山洞，住进瓦房。进入新时期，城市化的浪潮来袭，高楼林立，摩肩接踵，好不气派。无论住在高楼大厦，还是住在瓦屋平房的人，每逢新婚典礼总少不了一项：新郎新娘入洞房。这是为何？因为洞房里深藏着古老的美好姻缘。这美好姻缘要从帝尧和鹿仙女相遇成亲说起。

相传，阳春三月，风和日丽，帝尧在宫中和大臣议完事情，侍臣见他劳累，就请他去平湖游览观景。帝尧没有去，他心中惦记着驯兽的大事，要去那里查看。

那时候，牛、羊、狗、猪、鸡都调养顺了，关在栅栏里、笼子里，乖乖地听候人的旨意，干活的干活，长肉的长肉，生蛋的生蛋，唯有马还野生着，散布在山川里，一惊动就撒蹄狂奔，腾起漫天黄尘。这漫天黄尘吸引了人们，如果将野马驯服

姑射山华夏第一洞房

了，干活不是比牛快多了吗？就这样，人们逮住不少野马，成天驯养，姑射山前就有个牧马川。帝尧惦记的正是驯马这事。

帝尧来到牧马川时，日已当头，他走得风尘仆仆，浑身燥热。不过，一看到棚栏里那些高大的骏马，他身上的困乏立即消散了。他很是兴奋，禁不住问长问短，恨不得立即将这些骏马送给平民，让它们为众人耕田驮柴。

正看得眼热，传来一阵高昂的叫声，是栏外的野马吼叫。这一吼叫可不得了，栏内的一匹红色骏马腾空跃起，踏破栏杆，蹦跳出去跑走了。这一跑，厩中的其他马匹也纷乱躁动，驯马汉吹起口哨，挥动长杆，才镇住了马群。不过，跑出去的那匹红马转眼间就蹿远了。

帝尧顺手牵过一匹白马，跳上马背，直朝那匹红马追去。红马跑得飞快，紧追慢追，到了姑射山麓才能远远望见。白马也是匹好马，奔跑起来如风似电，可是毕竟骑着个人呀，只能紧追不舍，就是赶不上去。再往前是一片密林，若是红马钻进去，就不好找了。恰在此时，帝尧回头一看，路边有一只悠闲自在的梅花鹿。身边是一片桃树林，桃花开得红灿灿的，把梅花鹿也映照得满身红艳。帝尧真想停下来看看这美好风光，然而，正在追赶逃马，哪敢勒马观看呀！

不好，逃马再跑几步就钻进森林了，帝尧匆忙加鞭，白马跑得更快了，可要赶上去仍然来不及呀！说也奇怪，随着帝尧的一声鞭响，那梅花鹿飞跑起来，眨眼间腾空奋起，朝那匹红马飞去。帝尧再看时，哪里还有梅花鹿，一个美貌迷人的娇娘早已骑在红马上。

原来，这只梅花鹿是天上下凡的降凶仙了，看见帝尧骑马飞奔，英姿过人，心生爱慕，就露出真身帮他捕马。不用说，那烈性的红马乖乖停了下来，静等帝尧到来。不多时，帝尧赶上山来，接过红马连连向鹿仙女致谢。看着眼前这个美貌娇娘，帝尧心中暗想，这娇娘身手不凡，要是能帮扶自己该多好呀！可是，偶然相遇，怎么好唐突表白呢？他牵着马转身要走，那女子相随，说是送他一程。送了一程又一程，眼看就要到山口了，鹿仙女依然恋恋不舍。帝尧正要挥手告辞，听见那女子说："大王若不嫌弃，就把我留在身边给你帮把手吧！"

帝尧连忙说："好呀！我正需要你这样的好帮手。"

就这样，帝尧和鹿仙女在追逐烈马的途中一见钟情，倾心相爱。三天后是个吉日，帝尧和鹿仙女结缘成婚。他们的新房就在姑射山中，那里有个幽静的山洞，往常鹿仙女就居住在此处。那山洞就是庄子笔下所写的地方，"藐姑射之山，有神人居焉，肌肤若冰雪，绰约若处子，不食五谷，吸风饮露，乘云气，御飞龙，而游乎四海之外"。或许，庄子笔下的神人，就是与帝尧心心相印的鹿仙女。

据说，帝尧与鹿仙女成亲的那夜，月明如镜，山色朦胧。婚礼由姑射山神主持，两位新人拜过天地，拜过高堂，山神兴奋地宣布："新娘新郎入洞房。"

不说帝尧和鹿仙女相依相携进入洞房，从此恩恩爱爱，互相体贴，共为人间谋幸福，却说那夜前来观看婚礼的山民都记住了山神的话，之后凡有人成亲，举办仪式，都要宣告一项：新郎新娘入洞房。

据说，那个迷人的夜晚，满山通亮，亮得山野洞房红彤彤的。原来，洞房对面的那个山峰红光闪耀，经久不息，像是点燃了一根巨大的蜡烛。因而，后人每每谈起洞房的话题，都离不开那辉映的红烛。久而久之，新婚的美景被人们称为洞房花烛夜，直到今天，国人仍念念不忘这个传说。

毫无疑问，这是个神话色彩浓厚的传说故事，

瑞雪临喜门

不必信以为真。不过，诸多的民间传说总有一定的考辨价值。虽然从古至今口口相传，难免鱼龙混杂，可是经过筛选总能发现关于帝尧时期的一些相关信息。

从这则传说故事可以感悟到，帝尧时期，驯养动物已成规模，驯马刚刚开始。所以，千万不要忽略传说故事，我总觉得有些传说故事就是文物。只是现在所指的文物是有形的，而这些传说故事却是无形的。按当下的时尚话讲，该是非物质文化遗产。

由此深思，那时婚姻已很普遍，文明成为向往。本书前面，在谈帝尧出生时，说其母亲庆都与赤龙合婚而孕生；在谈后稷时，说其母亲姜嫄脚踩巨人足迹而怀孕。这些说法都在印证早先的婚姻状态，还是以母系为主，所以，许多人都不知道自己的父亲。像帝尧和后稷这样有历史贡献的人，众人将他们神化了，神化到了龙那里去了。到了帝尧时期，多种史料都谈及，已基本过渡到父系社会了。但这种过渡绝不是和风细雨般的，而是急风骤雨式的，这就是众所周知的抢婚。抢婚显然是一种野蛮方式，不用说，给女方及家人带来了不应有的痛苦。因而，人们就将帝尧成亲神而化之，想象出了洞房花烛夜的美好场景。其实，这何尝不是先民对抢婚习俗的厌恶，对文明成亲的向往！

　　由此也可以感受到，帝尧时期配偶初步固定，情爱成为向往。既然那个时代抢婚仍是主要现象，暴力就是婚姻的主要手段，因此，男女双方基本上是"捆绑夫妻"。这对于已初步固定配偶的上古时期来说，先民当然不甘心这么暴力抢婚，尤其对于无法选择夫君的女子，心灵中难免受到创伤。随着五教的普遍推广与实行，人们对文明的渴求日益强烈，对婚姻也希望彼此能有情感，互相能够钟爱，因此，便编排出帝尧和鹿仙女相亲相爱、结缘成婚的故事。故事虽然讲的是帝尧与鹿仙女成亲，何尝不是平民的心愿！

传说故事讲完了，该说帝尧的真实婚姻了。《路史》中记载："帝尧陶唐氏，初娶富（散）宜氏女，曰女皇，生朱。"《世本》也载："尧娶散宜氏之子，谓之女皇。"

看来，帝尧的夫人就是女皇，女皇也就是丹朱的母亲。不过，传说故事的力量实在太大了，真实的女皇默默无闻，倒是传说中的鹿仙女不胫而走，随着庄子"藐姑射之山，有神人居焉"的点化而扬名四海，而且，姑射山中帝尧和鹿仙女成亲的山洞，被称为华夏第一洞房。

帝尧教子第一棋

尧庙五凤楼前有两个巨大的棋盘，一看就是围棋盘。围棋是中华文化的瑰宝，也是中华民族逻辑思维和形象思维齐飞的智慧结晶。那为何要在尧庙摆放两个围棋盘，围棋与帝尧有何关系？

回答是：关系极大。是帝尧创制了围棋，为祖国丰富的文化宝库增添了一朵奇葩。

帝尧为何会创造围棋？

回答这个问题，要从帝尧的儿子丹朱说起。丹朱是帝尧的长子，先民叫他子朱。子朱改称丹朱，是他弃旧图新、重新做人之后的事情，我们稍后再细说。这里先说子朱聪明机灵，特别招人喜欢。他从小在宫廷长大，父王为天下万民常年奔波，深受众生爱戴。爱戴帝尧，自然也喜欢他这个机灵的儿子。你爱，他爱，爱多了，爱过了，就是溺爱。在溺爱中长大的子朱，没有顾忌，随兴而为，机灵反而成了办坏事的鬼点子。空说无趣，就走进民间听听他那些不冒烟的奇葩事吧！

不冒烟的事，子朱还总是想让它冒烟。那一年，东海岛国的头领进贡了一些蚕茧，这不是普通的蚕茧，是冰蚕吐丝结成的茧，非常珍贵。帝尧把它们放置在后宫，让夫人女皇缫丝，缝制祭祀大典时穿戴的礼服。女皇缫好丝，日夜忙碌着纺线，还没纺完，却发现丢了不少。一打听，有人看见是子朱拿走了。拿走也罢，追回来不就好了？好不了，子朱竟早就点火烧坏了蚕茧，如此珍贵的物品被他糟蹋了不少。女皇十分生气，还没有来得及告诉夫君，帝尧已经从大臣嘴里听到了。说来真让帝尧头疼，这个儿子总给他招惹是非，让他防不胜防。

帝尧叫来子朱一问，他满口承认，问他为何要火烧宝物，子朱说："我试看能点着吗！"回答时，子朱的眼中还闪耀着得意的神色。

帝尧既好气又好笑，耐着性子问他："试得如何？"

子朱随口即答："岛国使者说得没错，冰丝就是不着火，不沾水！"

帝尧无奈地看着子朱说："尝试是因为不知道结果才摸索。冰丝不着火、不沾水，谁都明白，你这不是多此一举，损坏了宝物吗！"

子朱这才明白做错了事，低下了头。帝尧训教子朱，往后不能随意干事，要想着干，不要抢着干。贸然行事，就会办错事。子朱点点头，像是记住了。

真记住了吗？不见得。事后不久，天下洪水泛滥，遍地灾祸，帝尧四处察看水情，带领众生转移住地，抢险救灾。看着不是一时半会儿就能够平息的洪水，帝尧赶紧选择治水头领，忙得焦头烂额，自然顾不上过问子朱。趁此机会，子朱溜出去四处游玩。一次，他到了水边，呼叫几个玩伴，捞起几根漂流的树干，找些野藤捆绑在一

围棋盘石

起，就是一个木筏子。他带着玩伴在波浪中划来划去，高兴得大呼小叫。

这就是人们所说的浪子。完整的话语是，浪子回头金不换。对于这个浪子，《尚书·益稷》的记载是："无若丹朱傲，惟慢游是好，傲虐是作。罔昼夜额额，罔水行舟。朋淫于家，用殄厥世。"大意是，丹朱太傲慢，懒惰贪玩，喜欢戏谑作乐，不论白天晚上都不停止。洪水已经平定，还坐在船上让人拉着游玩。真是这样吗？

晋南民间传说，与《尚书·益稷》的记载无不相似。经过大禹治水，洪流入海，万民欢腾，又能安心耕种了。子朱却不高兴了，洪水滔天，水流到哪儿，船就能划到哪儿；船划到哪儿，子朱就能游玩到哪儿。洪水一退，船只能在河里划，子朱也只能沿河游玩，四处找乐的浪子怎甘心在窄窄的河道里游转？

子朱鬼点子很多，一眨眼睛有了办法：旱地行船。

旱地怎么行船？靠人拉木筏子跑呀！别看木筏子在水中漂来荡去，如一片树叶轻快便捷，可要是在地上行走那就惨了，许多人背着纤绳，弯腰弓身使劲拉着木筏子，却只能擦着地皮慢慢移动。子朱和他的一帮玩伴坐在船上嬉笑歌舞，还嫌太慢，不时催着快走。

这事儿让帝尧知道了，更加生气，儿子这么不成器实在太伤他的心了。静心思考，也怪自己忙于治水，忽略了对儿子的管教。思来想去，帝尧决心要让这个浪子回头。子朱这个浪子回头了吗？回头了，变好了。帝尧是如何教育好子朱的呢？

民间流传的故事是，儿子不争气，帝尧感到锥刺心肺般的难受，决心想个好办法改变儿子的性情。此后数天，他每日饭后进屋，闭门不出。

他时而仰望头顶，似乎在探寻天道变幻。

他时而俯身看地，似乎在触摸大地沧桑。

他一会儿踱步回环，天道地理在胸中，山重水复，曲径通幽。

他一会儿操笔涂画，地理天道在手下规正圆方，化为棋局。

几日后，帝尧走出宫门时，关于围棋的方略已经烂熟于心，且勾画在帛绢上。

是日夜里，外边火灭光熄，万籁俱寂，帝尧和子朱还在松明火把的辉映下对弈。父子俩凝神端坐，全然不知繁星闪烁，夜已深沉。看着子朱入神思考的模样，帝尧心中暗暗欢喜，但愿这一着管用，能让儿子收心归意，静虑修养，改变急躁盲动的性格。

子朱也真聪明，父亲教他围棋，画格摆子，

说明规则，他一听就懂。试走几步，还真是出手不凡。连续下了五六个夜晚，帝尧想赢他都很难了。

从此，子朱喜欢上了围棋，经常找人对弈。不说他棋艺长进，成了国中强手，只说他从此性情大变，不再四处乱窜，干那些不冒烟的事。帝尧没有严厉教训，用手下棋，就改变了儿子的性情，围棋也被人雅称"手谈"。子朱弃旧图新，帝尧将他封到丹渊为侯。子朱在那里带领先民垦荒种地，大家丰衣足食，过上了前所未有的好日子。先民念及他的功德，将"丹渊"改名为"长子"，因为子朱是帝尧最大的儿子。子朱则以地望为姓，改名"丹朱"。这就是"浪子回头金不换"的来历。

上面的故事多数属于民间传说，即使典籍记载也属于传说类别，信也可，不信也可。只是写下这个含糊的说法，我很是忐忑不安。我曾经探究过丹渊那地方，现在确实叫作长子，是长治市所属的一个县。县政府的网上明确写道："尧舜时代为尧王长子丹朱封地，并由此得县名。"长子县下辖七个镇，有一个就是丹朱镇。你看这子朱变丹朱的故事，还能是杜撰出的传说？我看不要轻易否定。

西晋张华在《博物志》中记载："尧造围棋，以教子丹朱。"战国时期的史书《世本》记载："尧造围棋，丹朱善之。"原本帝尧创制围棋，只是为了教育不成器的儿子。哪会想到，随着不成器的子朱浪子回头，围棋流行开去，如今将近五千年过去，围棋非但没有消失在岁月的沧桑变易中，还生机勃勃，不仅风靡中国，风靡东南亚，甚至于风靡全球。人与机器人博弈，不下象棋，不下军棋，偏偏下的就是围棋。围棋自诞生以来，不断演进，不断完备，丰赡了历史，丰赡了我国的传统文化。

毫无疑问，围棋是中国第一棋。

千秋亲俗第一县

还有一件事不应遗漏，就是帝尧下嫁两个女儿娥皇、女英于虞舜形成的走亲风俗。这事看似传说，可几千年来从未间断，确实值得关注、思考。在讲述之前，我想提个问题：人世间的亲情是如何形成的？

回答很简单：婚姻和生育。

婚姻是亲情的前提，生育是亲情的开端，人世间一切亲情都无法逾越这个模式。

中国人判断亲情有个尺度——五服。五服，顾名思义是五种服饰。五种服饰，何以能够辨别亲疏？原因在于这五种服饰不是平日的穿着，而是出殡送葬时穿戴的服装样式。史料记载，五服是中国礼治中为已故亲属服丧的制度。它规定，血缘关系亲疏不同的亲属间服丧的衣饰不同，据此把亲属分为五等，由亲至疏依次是：斩衰（摧）、齐衰（摧）、大功、小功、缌麻。穿斩衰的是最亲近的人，如儿子、女儿，他们要守孝3年；穿齐衰的是亲近的人，如侄儿、侄女，他们要守孝1年；穿大功的是较亲近的人，要守孝9个月；穿小功和缌麻的是较为疏远的人，分别守孝5个月和3个月。而且，西晋时期制定刑律还把五服纳入法典之中，以此来判断是否株连，或株连的轻重。

说到此，请回头看一下，前面出现了"血缘关系"的字眼。血缘关系何来？不就是婚姻的产物、生育的结晶吗？足见亲情源自婚姻和生育，这说法天经地义。

那么，人世间亲情最长久、最持久的地方在哪里？

观瞻尧庙虞舜殿，了解他与娥皇、女英成亲的故事，就会明白在山西省临汾市洪洞县的羊獬村、历山村和万安村为什么会延续"接姑姑，迎娘娘"的风俗，而且一代传一代，相传四千余年从未间断。别的地方，五服之外就已疏远，不再往来，这里岂止五服，五十服、上百服也早已开外，不仅继续往来，而且往来得红红火火。可以毫不夸张地说，这是世界上规模最宏大的亲情往来。每逢农历三月三，羊獬人前往历山村、万安村接姑姑；每逢农历四月二十八，历山人、万安人前往羊獬村迎娘娘。历山也称神历，因为在此

接姑姑场景

躬耕的虞舜继位为君颇具神奇色彩，后人便称之神历。届时锣鼓喧天，人头攒动，沿途每到一村，父老乡亲夹道迎送，家家户户门前都准备有干粮、茶水，那场景胜过"箪衣壶食，以迎王师"。

陌生人看到无不好奇地发问：这是为什么？

问得好！一句为什么便勾连出沉积在岁月深处的往事。在揭示这古老民俗之前，我想提个问题：你知道姑娘一词的来历吗？这问题不算复杂，可是能回答正确的还真少见。

回答不正确不是你的过错，是词典的解释和历史本来面貌有误差。《现代汉语词典》对姑娘的解释有三种意思：一是姑母、丈夫的妹妹，二是未婚的女子、女儿，三是妓女。无可非议，词典的解释很全面，但是这三种意思，却都没有表达出姑娘最本真、最完整的意思。这不能怪词典的编撰者，个人知识再渊博，也不能企及人世的每一个角落。倘若不来洪洞县，不观看接姑姑、迎娘娘的活动，任谁也无法洞明远去的往事。而一旦走进现场，置身于那熙熙攘攘的人群中，你可能会顿悟，哦，原来"姑娘"就是全面认知女人身份的简明称谓。至此，如果你还不明白，那就继续往下看。

接姑姑，接谁？娥皇、女英。

迎娘娘，迎谁？娥皇、女英。

在这里，娥皇、女英既是姑姑，又是娘娘，每个人都有双重身份。

就是这双重身份牵连出遥远的往事。娥皇、女英是帝尧的两个女儿，据说，她俩曾被寄养在羊獬村。羊獬村就是诞生那只能辨别忠奸、能决断是非的神奇獬羊的村庄。獬羊在村里平息纠纷、主持公道，追随皋陶后更显神威，邦国诉讼，件件处理得公平合理。大家都夸说，獬羊是祥瑞神兽，就把诞生獬羊的村庄视为祥瑞福地，于是就把帝尧的两个女儿寄养到那里。

帝尧将娥皇、女英嫁给虞舜，这姐妹俩在羊獬村长大，出嫁的地方当然也在这里。可以设想，帝尧的女儿出嫁，关注此事的乡邻一定不少，关注的人群中肯定有大人，也有孩童。若论辈分，对于孩童来说，那两位金枝玉叶的女人是他们的长辈，该叫姑姑。姑姑，就在他们的目光中渐行渐远，离开故地，前往夫君耕种的历山。

到了历山，在众人眼里娥皇、女英就不再是姑姑，而是娘娘。这是因为她们的夫君虞舜后来接受帝尧的禅让，登上了统领天下的最高位置。尽管那时候的头领称"帝"还有些早，后人尊奉出五帝的称号才有了"帝"这一说，但是，给位尊的夫君打理家事，称个娘娘也不过分吧。何况，即使撇开对外的说法，仅就家庭而言，她们都会生儿育女，对儿女们来说，她们就是亲娘。娘，是天下女人都要扮演的一种角色。这角色的出现，改变了女人，也完善了女人。因而，羊獬村所在的洪洞县以及周边的人们把女人出嫁说成是"改嫁"，或说"改了"，姑姑改变为娘娘了。女人在娘家是姑姑，在婆家是娘娘，各取一字，岂不是"姑娘"？

这里，姑娘，不是未婚女子的称谓，而是已婚女人的称谓。如此审视，把姑娘视为没有出嫁的女子是一种迷失，是一种不确切的说法。好在羊獬人没有迷失，历山人、万安人没有迷失，他们承前启后，将上古时期的风俗一直延续到了我们眼前。

是啊，嫁出去的姑娘哪个不想娘家？想娘家，就要回娘家。娥皇、女英是帝尧的女儿，像帝尧那样仁德慈善，她们回娘家当然不能冷冷清清。于是，每年三月三春暖花开，羊獬村的乡亲会结队前往历山去接姑姑。接上了，伴随着她们一路说说笑笑、亲亲热热地回到村里，住上一个多月，

抬着姑姑的驾楼前行

四月二十八就要农忙了，要收获庄稼了，婆家的人便来到娘家，风风光光把两位娘娘接回去。据说，选定四月二十八来接，固然因为农忙了，要收获，还有一个重要原因，这一天是帝尧的生日，他们欢欢喜喜而来，也是为给帝尧祝贺生日。

你接来，他迎回，羊獬人就这么来来回回接姑姑，历山人、万安人就这么来来回回迎娘娘。为何娥皇、女英嫁往虞舜耕田的历山，会出现个万安？据说，早先虞舜在万安村安家，在历山耕田。成亲后娥皇在万安料理家事，女英随夫君在历山打拼。所以，去历山接上小娘娘女英，再到万安接上大娘娘娥皇。

接姑姑，接呀接，羊獬人一接就是数千年；

迎娘娘，迎呀迎，历山人、万安人一迎就是数千年。

岁月如潮，在奔腾咆哮中淘洗掉多少前尘旧事，淘洗掉多少鲜活面孔。无数世事随着岁月的变迁沉淀为历史，只能去泛黄的故纸堆里钩沉，只能去残破的墓葬里发掘。然而，岁月的浪潮却没能冲毁掉这接姑姑、迎娘娘的习俗，这盛大活动每年举办，规模超过任何节日，甚至比春节还要隆重。

2000年，我首次参加羊獬村前往历山、万安接姑姑的全过程。二十年来，我多次跻身那激动人心的行列，多次受到强烈的震撼。在羊獬村启程出发时，可以用万人空巷来形容那真实场景。人呢？人们都挤到村西的大庙"唐尧故园"里去了。顿时，宽阔的庙院变小了，变窄了，里面人挨人，人挤人，男男女女，老老少少，密密麻麻，挤得无插脚之隙。礼炮响起，锣鼓齐鸣，主事人一声"动身"，驾楼抬起来，旗伞举起来，开道的铜锣咣当一响，三眼铳便发出震耳欲聋的声响。人们往后躲闪，让开一条路，请接亲的大队缓缓通过。接着尾随其后，络绎送出村庄。

一路行来，每过一村都有人迎接，管吃管喝。走走停停，停停走走，赶到历山大庙，太阳已经搁在远远的山梁，已无当顶时的热烈，只能用熹微的光色映照着虔敬的人群。天上的清静似乎是要让位于人间的热烈，此时平日寂静的大庙热烈得如同一锅喷发热气的沸水。迎亲的队伍被簇拥在当中，夹道欢迎的是一双双渴望已久的眼睛。在正殿上过香，安顿好驾楼，转瞬间就会人去庙空，满天星星面对着满山清静。接亲的人被迎亲的人全都请进家里去了。羊獬、历山和万安的人们互称亲戚。亲戚来了，都在用最大的热情招待，迎回家去，吃最好的饭菜，住最好的屋子，连被褥也是刚刚拆洗一新的。

次日，接上姑姑回返，午后到达万安村。万安村的热烈气氛丝毫不亚于历山村，从锣鼓喧天迎来亲戚到锣鼓喧天送走亲戚，万安村处在一年一度最为亢奋的时日。锣鼓热烈得能惊动天上的玉皇大帝，人们的虔诚能感动华夏诸神。若真是玉皇大帝、华夏诸神有知，定会羞愧，别看自己声名显赫，可是什么时候享受过如此热情隆重的礼遇！

最令人刻骨铭心的是这接亲活动，竟然是从遥远的上古一路走来，一路走到今天。用八旬老人李学智先生的话说，祖祖辈辈都是这样，从来没有停止过。这样的话，羊獬村的古稀老人阎长会也亲口对我说过，说这话时我陪着他一起掉泪。那是20多年前了，他说即使是在最艰难的时段都没有停止。我问他是哪个时段，他深出一口气说，是日本鬼子入侵时。我明白了，那群疯狂的野兽到处肆虐，将人们封锁起来不准走动来往。就这也难囚禁村民的虔诚，不让出去走动，总还让下地干活吧，村人就以干活的名义出去。干什么活儿最有流动性？拾粪。人们就挎着背篓，装作拾粪的样子悄悄去接姑姑。怀里揣着二位姑姑的牌位，没有香裱，就折根蒿草枝代替。阎长会说这话时，长吁短叹。我理解那沦为亡国奴的滋味，同声谴责倭寇恶魔，哪能不掉眼泪。

往事不堪回首，绝不能忘记！如今洪洞三村接姑姑、迎娘娘的风俗已被列入国家级非物质文化遗产名录。2024年的活动规模比之2000年大多

村民簇拥着姑姑的驾楼

争着相伴姑姑的驾楼

了，气派而又风光。昔年的活动规模，村民都说大得不能再大，而今，年年突破上年的那不能再大，还在再大。记得当年的车辆，多是三轮四轮，有一辆小车就十分显眼。而今，小车就有近百辆，再加上一溜排开的六辆大巴车，真堪称浩浩荡荡。车辆蜿蜒在汾河两岸的曲径上，从车窗向外望，前不见首，后不见尾，念天地之悠悠，独寂然而沉思，深感习俗、信仰有着无穷的魔力。这力量看不见，摸不着，却不是凭借号令和暴力可以封杀的。即使严寒侵袭，百花凋零，花草凄凄。可是，一旦时令转暖，就会百草复萌，绿染天地。诚如白居易诗作："离离原上草，一岁一枯荣。野火烧不尽，春风吹又生。"

岁月时时变易，落下去的是夕阳，升起来的是朝日，每一天都是新鲜的。接姑姑、迎娘娘的人们紧紧跟着岁月走，没有一年落下。尽管活跃在那行列的面孔换了一茬又一茬，但是那人流车流非但没有减少，反而日渐增多。到了21世纪的今天，隆盛的活动已经成为标榜神州大地的奇特风景。

洪洞，堪称神州大地迎接姻亲延续千年的第一县。

中国飞天第一梦

前面讲述抵御大旱、开凿水井，曾引用后羿射日的神话。这个神话未完，后面紧接着的是嫦娥奔月。嫦娥为何要奔月？因为后羿射掉的九个太阳是东方大帝帝俊的儿子。

后羿射日解救了众生，领着嫦娥返回天庭，却被门神拦在了阶前。他俩看到的是一张冰冷的面孔，门神甩过来一页天书，上面写着：后羿夫妇，贪恋人世不归，违犯天规，收去神功，贬为凡人。

后羿不看还好，一看两眼发黑，暴跳如雷。嫦娥气得浑身发抖，痛哭流涕。后羿拉着嫦娥就要往天庭闯，可是此时神功已消，站立不稳，摇摇晃晃跌在了地上。

这可真是千古奇冤呀，射日英雄无功也罢，竟然有了大罪。原来这把持天庭的门神就是帝俊。气愤归气愤，天庭是回不去了，只能在人间艰苦度日。自己吃苦也罢，不该连累妻子，后羿非常内疚。有一天，他听说昆仑山西王母那里有长生不老药，便辞别妻子，长途跋涉取了回来。如今所说的昆仑山，是中国

西部的主干山系，西起帕米尔高原东部，横贯新
疆、西藏间，伸延至青海境内。在古代昆仑山不
是个确定的名字，只是"高巍"的写意或代称。
《集韵》中说："昆仑，天形。"清代人毕沅在注释
《山海经》时说得更加透彻："昆仑者，高山皆得
名之。"看来，昆仑是高山的代指确凿无疑。吕梁
山南部的云丘山在古代曾以昆仑山为名，这里山
势峻峭，云雾缭绕，说不定就是西王母的神宫所
在。后羿从平阳至这里少不了要跋山涉水，但终
归比去西部高山要轻松得多。云丘山还有一种第

后羿射日图

201

四纪冰川期间存活下来的翅果树，其果实营养丰富，西王母赐予的仙丹极有可能就是这树上的翅果，不必再为昆仑山费心思，无论如何，仙丹是求到手了。

嫦娥一见高兴得不得了！夫妇俩商量，选个吉日良辰，同服丹药，和和美美地在人间过日子。

哪知还没有到服药的日子，却出了一件意想不到的事。

事情出在逢蒙身上。逢蒙是后羿的徒弟，后羿射掉九个太阳后声名远扬，逢蒙便缠着要跟他学习射箭。后羿见他真心学本事就答应了。逢蒙十分聪明，很快就能百步穿杨，后羿特别喜欢这个小徒弟。可这个小徒弟得知师父取回长生丹药，居然起了歹心。他搬来一坛美酒，为师父接风洗尘。后羿毫不设防，

根雕射日图

喝得酩酊大醉。

逢蒙乘机闯进里屋，逼迫师母嫦娥交出丹药。见势不妙，嫦娥一把将丹药吞进口中，咽下肚去。转眼间体内一轻，嫦娥飘飘忽忽离开了地面。嫦娥升天了，匆忙中她一人吞下了两人的丹药。一人一份，长生不老；一人吞两份，立即成仙。嫦娥飞向高空，不敢去天庭，害怕东方大帝记恨她，报复她，她可是后羿的夫人呀！嫦娥只得朝清冷的月宫飞去。

这就是神话"后羿射日"的后续部分——嫦娥奔月。本书不涉及这则神话，故放在此处无碍大局，只能算作闲笔。当然，换一种眼光看，闲笔不闲，如果说当今的探月工程是在实现中国人的飞天梦，那嫦娥奔月肯定是这飞天梦的开端。这等于说，有关帝尧时期天下大旱的灾情，不仅派生出后羿射日的神话，还派生出国人奔向月亮的梦想。

当今我国的探月人造卫星在西昌卫星发射中心发射升空。

古人的飞天第一梦——嫦娥奔月，则在尧都平阳发射升空。

万民捧土第一陵

无论怎样高度评价，帝尧终归要走向生命终点，那么，这一天来到时帝尧该是多少岁？

说到年龄就想到一个词语：尧年。"尧年"一词的来历是说帝尧高寿，民间说他活了118岁，这自然是高寿。不过，考古学家从陶寺墓址中发现，那个时代的人寿命都不高，118岁是先民对帝尧的另一种尊崇。

即使高寿118岁，辞世也是无法避免的。帝尧离去了，对于他的亡故，典籍里留下多种说法。

墨子说，帝尧去北面教化北狄时，死在中途。《通鉴外纪》注释说，帝尧巡访时死在成阳。《吕氏春秋》说，尧葬于谷林。帝尧死后不会远道载至谷林安葬，因此，应是死于谷林。

……

凡此种种，说法多样，很难定论，我们就不必为此挖空心思了。

无论帝尧死于何处，安葬是必需的。《尚书·舜典》载：

"帝乃殂落，百姓如丧考妣，三载，四海遏密八音。"帝尧逝世后，人们好像失去父母一样悲痛，三年间，全国上下一片寂静，没有人弹琴唱歌，足见先民对帝尧尊崇至极。民间还有一种说法，帝尧下葬那天，礼送的人太多了，简直是人山人海。每个人都拿个小口袋，口袋里装一抔黄土。待棺木落卧放好，人们轮流上前，施礼拜祭后便将黄土覆盖在灵柩上，你一抔，他一抔，众人倾覆的黄土居然堆起了一座小小的山头。一座高大的陵墓成形了！

这高大的陵墓令后世帝王垂涎三尺，纷纷效仿，中国大地上相继出现了一座比一座高大宏伟的陵墓，从秦陵到茂陵，从乾陵到明十三陵，帝王们在进行着造陵比赛。似乎陵墓的高低决定着自己声望的大小。岂不知，此举恰是一种道德迷失，帝尧的陵墓是民众自发堆成的，后世哪家帝王不是抓丁捆夫去修筑的？相形之下，孰优孰劣一目了然。

那么，尧陵在何处？

按照墨子的说法，尧葬于蛩山，当在今河南省范县东南的旧濮县；按照司马迁尧崩于阳城的

尧陵全景

说法，当在今河南偃师；按照《山海经·海外南经》中所写帝尧、文王皆葬狄山的说法，当在今陕西长安县；按照《山海经·大荒南经》中所写帝尧、帝喾、帝舜葬于岳山的说法，当在平阳大地。古人认为岳山即为今太岳山，此山与汾河平行，纵贯晋南东部。循着这个方位探寻，即能到达临汾市的尧陵。

尧陵在临汾城东30公里处，南为涝河，北为陵冢。冢高50米，周长300余米，是三皇五帝墓冢中体量最为雄伟的一座。陵区有山门，山门和戏台连在一起。入山门，进陵园，园中有一座牌坊，牌坊上题刻的大字均出自《尚书·尧典》，正面为"平章百姓"，背面为"协和万邦"。再往后有献殿，从献殿背后登13个台阶，向上是一座碑亭。亭内尚存5通碑石，其中有明万

远眺尧陵

历年间竖立的一通，上面镌刻着"古帝尧陵"几个大字。碑亭背后即是高大雄伟的陵冢。

尧陵初建的具体年代已不可知，据金章宗泰和二年（1202）碑载，唐初李世民率兵作战，曾屯兵于此，祭祀帝尧。唐显庆三年（658）进行过修复。明成化十三年（1477）重修，还建了丹朱祠、唐太宗祠。将近五十年后，重修时认为置唐太宗祠有点"不协不义"，于是拆除。总之，历朝历代对尧陵均很重视，不断修葺，年年祭祀。

清代当地人徐昆官居内阁中书舍人，他的家乡上村距尧陵仅一箭之地。他著有《柳崖外编》一书，其中《银山》一文写到了尧陵："余家平阳东山之麓，去帝尧陵六七里，钱箨石先生奉使祭古帝王陵寝，至其间，见涝水南北，岭势嶔崎，问居民曰：'此何山？'一乡约随与而行，素有口才，随口即指南岭曰'银山'又问，随指北岭曰'金山'。设箨石先生作纪行之笔，未有不以其言为信者。其实即漫岭之支派，素无金银名称也。"此文中乡约的机敏善言自不必多说，关键是由此可以考知，清代皇家派钱箨石祭祀尧陵是不争的事实。

银装素裹帝尧陵

有陵墓，就需要管理，在管理尧陵上古代也有一套办法。明嘉靖十八年，即公元1539年，这里有守陵道士5人，守冢农家10户，负责陵园一切事宜。所需费用也有着落，办法是尧陵周围8村农户不交差徭税役，而将其钱用于陵园的管护。这办法一直延续到民国年间。《临汾县志·田赋》记载，郭行、北郊"二里之人，环陵以居。春秋二祀相沿不废，以祭代差，优免徭役"。

尧陵规模最大的活动是逢会。清明时节县府主祭，每三年朝廷派员祭祀。从祭祀当日起开始逢会。这时节下雨少，涝河水小滩大，遍河滩里多是商贾店摊，人来人往，游人如织。不仅周边浮山、洪洞、翼城等县的人前来祭祀逛会，就连河北、河南、山东等省的民众也络绎不绝。而且为了表示对帝尧的诚敬，官家规定：逢会期间，除了发生重大命案，衙役不得拘捕人犯。有了这种宽松的政策，逢会的规模便更大了。可惜，后来日寇侵犯搅扰，中断了尧陵的祭祀和逢会。1999年，我任文物旅游外事局局长，一手抓尧庙的修复，一手抓尧陵的祭祀，清明这日重新启动中断了近七十年的祭祀活动。二十年来，尧陵逐渐得以重光，恢复了明代规制，新建了国祖殿。在国祖殿中陈展了帝尧贤明治世、开创新纪元的光辉业绩，尧陵成为海内外华人寻根祭祖的圣地。

尧陵有多处，但是临汾市尧都区这座规模最大、祭祀最多，这自然是因为此处是尧都。尧陵置身于伊祁故里、古帝尧庙、仙洞、康庄、九州堡等一系列与帝尧相关的名胜遗址中，显得自然而贴切。因此，如若判定尧陵的真实性，临汾当为首选。尧陵同尧庙一样，早就是中华儿女心中高耸的丰碑。

一抔黄土造就了人间最为巍峨的陵冢，因而众多学者赞誉尧陵是"万民含泪捧土垒成的第一座帝王陵"。

大山怀抱的尧陵

璨璨华光映照未来

俯瞰人寰，世界上有四大文明古国，古巴比伦、古印度、古埃及，唯独中国不叫"古中国"，而叫中国。因为，别国历史都中断了，唯独中国没有中断，在一脉相承地延续。究其原因，不只是我们的根脉深深植于悠久的历史，而且根底非凡，有着丰富的精神能量滋养后世延续。这丰富的精神能量，不是别的，就是上古时期帝尧带领先民所创造的业绩，尤其是那业绩所放射出的灿烂文化。

尧文化至今辉映着世人，具有永不褪色的风采。

这么说，似乎是在夸大尧文化的作用。有人会问，尧文化再先进也是农耕文明的产物，如今正在迈向智能时代，瞬息万变的世事正在以光速重构世界，尧文化还有什么作用？这就有必要解读尧文化，贴近帝尧创造的业绩，进入其核心，了解其内在实质。

前面已初步搞清了帝尧的诸多历史功业，这里不再一一列举，仅举出四点加深认识。帝尧钦定历法，推演出节气，理顺了时序。帝尧带领全民凿井饮水，抵御了旱灾，有效推进了农耕。尽管那时还没有科学这个名词，倘要是用如今的眼光审视，这可以视为最古老的科学。帝尧设立诽谤木，让平民畅所欲言，议论朝政，即使说错也赦免无罪。帝尧将帝位传给虞舜，虞舜将帝位传给大禹，开启了最早的禅让。而在此之前，帝位更迭一直是在血亲中传续的，若是非血亲继位，断然少不了血雨腥风。因此，尧舜禅让早被视为千古美谈，表现出的是天下为公的可贵精神。由此可以看出，尧文化有两个重要的方面，一方面是求实的科学精神，一方面是务实的天下为公的精神。

我们将目光投向当今世界。目前的世界可以概括为两个发展、两个危机。所谓"两个发展"，是发展中国家快速发展，发达国家持续发展。所谓"两个危机"，是环境危机和精神危机。两个危机是在两个发展中出现的新问题，只有化解危机，才能进一步推进人类发展。环境危机是世界发展的难题，人类利用越来越高的手段向自然索取财富，导致资源枯竭、环境污染，环境质量的下降威胁到了人类的生存；而精神危机更是世界进步的难题，各类问题都亟待解决。因此，世界必须谋求新的发展出路。

也就在这时，越来越多的国内外有识之士，把目光移向东方，关注和合文化。"和"，是指异质事物的共存；"合"，是指异质事物的共生。和合文化也就是人与自然、人与社会、人与人的和谐关系，使世界在平和自主的状态中发展，使发展成为更持久、更持续的进步。我们知道和合文化是中国传统文化的核心，和合文化是以尧文化为源头而生长起来的。程思远先生曾在《人民日报》撰文谈和合文化，其中就引用了《尚书·尧典》帝尧"百姓昭明，协和万邦"的名言。如果细细思考一下，就会体会到帝尧钦定历法正是认识自然、顺应自然，而不是改造自然、征服自然。这当然使得天地人的关系和谐，可以说是最早的天人合一实践，是最早的生态文明实践。帝尧设立诽谤木，协和万邦，正是调整人和社会的关系、人和人的关系，也就是以精神文明来推进物质文明。那时世界大多数地区还处于蒙昧野蛮状态，甚至不少地方还处在茹毛饮血的时代，自然这是了不起的奇迹。更为有价值的是，尧文化提醒当代人注意，既要向自然索取，也要保护自然；既要注重物质利益，更要注重精神文明。否则，人类必然在倾斜的发展中走向困境。由此可见，尧文化是人类可持续发展的和合文化之根。弘扬尧文化，不仅具有深远的历史意义，而且更具有重要的当代意义。尤其是对于当今构建人类命运共同体，实现世界大同，更是具有不可估量的影响力。影响力何在？在于钦定历法、敬授民时背后蕴含的精神文化含量。钦定历法，唐部族先行一步，可谓"各美其美"；敬授民时，传播给远近部族，可谓"美人之美"。光大这种精神，人类便可以"美美与共，天下大同"。

若是回到中华民族伟大复兴的话题，那尧文化具有的价值更是不可低估。钦定历法、开凿水井的拙朴科学，设立华表、实行禅让的做法，只不过是尧文化的外部形态，而其内在核心是创新。试想，钦定历法、开凿水井、设立华表、实行禅让，哪一项是步前人的后尘？没有，都是帝尧带领先民创新的产物。创新，是中华民族生生不息的灵魂，是伟大祖国兴旺发达的不竭动力。尧文化中的创新精神，维系了中国数千年从不间断的历史进程，还将催动中华民族从站起来、富起来到强起来阔步奋进！

研学尧庙，沐浴尧文化光辉，茁壮思想，让生命更为精彩。

激活尧文化，焕发中华民族的创新精神，为

新时代发展增添新能量。

用活尧文化，让中国早日由制造大国迈向创造大国，早日实现中华民族的伟大复兴！